沐雪儿

——著

云水无尘天涯客

柳永传

辽宁人民出版社

图书在版编目（CIP）数据

柳永传：云水无尘天涯客 / 沐雪儿著. — 沈阳：
辽宁人民出版社，2022.1
ISBN 978-7-205-10279-1

Ⅰ．①柳… Ⅱ．①沐… Ⅲ．①柳永（约987-1053）-
传记 Ⅳ．①K825.6

中国版本图书馆 CIP 数据核字（2021）第 189263 号

出版发行：辽宁人民出版社
　　　　　地址：沈阳市和平区十一纬路 25 号　邮编：110003
　　　　　电话：024-23284321（邮　购）　024-23284324（发行部）
　　　　　传真：024-23284191（发行部）　024-23284304（办公室）
　　　　　http://www.lnpph.com.cn
印　　刷：天津丰富彩艺印刷有限公司
幅面尺寸：145mm × 210mm
印　　张：7.5
字　　数：156 千字
出版时间：2022 年 1 月第 1 版
印刷时间：2022 年 1 月第 1 次印刷
责任编辑：祁雪芬
装帧设计：末末美书
责任校对：吴艳杰
书　　号：ISBN 978-7-205-10279-1

定　　价：59.80元

序

　　他是北宋词人中举足轻重的一位，他的词是宋词中浓墨重彩的一笔，他是柳永柳三变。

　　然而，翻遍《宋史》，却难找到有关柳永的只言片语。他出身书香世家，也曾奋力入仕，大宋朝的公侯贵卿乃至皇帝，都读过其词，也了解其志向。市井里的情义，俗尘间的生活，都在柳永的词中熠熠生辉。可是那一首首千秋绝调在皇帝和士大夫的眼中，却成了鄙俗之物。

　　在他们看来，词本就由歌而来，如今虽然士大夫们也会经常写，但那都是闲来逗闷之物。放眼庙堂，谁会拿词当主事去做呢？柳永却始终抱有一颗热爱词曲歌赋的心。

　　于是，从年少成名到科场沉沦，再到暮年入仕，这个骨子里浸满了诗意的男子，始终肆意又洒脱地坚守着自己的那份热爱。

　　在繁华迤逦的大宋朝，他将笔触伸展到了平民女子的内心世界，这是词史上的突破，也是他内心情感的挥洒。市井间的爱与恨，在他的笔下，于雅俗之间自然流转，行云流水地就走进了人们的心里。

"凡有井水处，皆能歌柳词"，词名愈盛，风尘中的女子们愈是喜欢，士大夫们就愈是鄙夷。柳永的一生都在他人鄙夷的眼光里，但他却不在意那些眼光，踽踽独行在喧哗的尘世里。

他与青楼女子相处的时日里，是否性情浪荡，用情不专？他是否因浮艳之词而得罪仁宗，所以被弃于庙堂之外？有些过于浮艳的词，是否是他在自然状态下倾情而作？他是否词有盛名，而政事不通？他又是否晚年贫病交加，甚至死后都是风尘女子们出资下葬？

或者有的人会说，是的，这就是柳永啊。这便是正史中没有记录所造成的结果，这样在流传中被误解的柳永，更令人多了几分感慨。

以上的疑问和市井流传，不能说是空穴来风，但是经过仔细查证就会了解，这些说法，原来真的只是流言。究其源头，是因背后的故事多被断章取义、迎合低级趣味所致。待知晓真相后，往往使人掩卷叹息，眼前只浮现出白衣卿相傲岸而孤独的身影。

然而，柳永又是不孤独的。情感中有红颜倾心交付；暮年入仕也曾治理一方，深受当地百姓爱戴；直到生命逝去了，还有那些美丽的烟花女子为他送行，年年前去祭悼。这样看来，他又是不寂寞的。

而那些美丽的女子，也始终有个人在为她们叹息，给她们同情，那个人就是才学高绝的柳七郎。他与她们身处不同阶层，但他全然不顾世俗的眼光，毫不保留地写意着她们的情爱悲忧。这世间，一些关注，可以使人展颜；一些抚慰，可以令人燃起希望；而一些温暖，足可以让人铭记一生。

关于柳永的生平事迹，多是整理宋人笔记和柳永词而来。本书力求给读者展现一个真实的柳永。

目录

第一章

世家少年落红尘

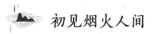

初见烟火人间

984 年的二月，北宋济州任城（今属山东济宁）柳县令的夫
人生下了一位公子。全家上下一派喜气，柳县令自然也是欢喜
得紧，他是希望家中多添男丁的，因为柳家的男子自出生的那
一刻，就背负着考取功名、光耀门楣的重任。

这位新生的婴儿，就是柳永。那位从云水间落入俗尘的白
衣卿相，将要开始他张扬又寥落、多情又专意、令人倾慕又叹
息的一生。

此时的柳永尚不叫"柳永"，父亲柳宜为他取名"三变"。
此名取自《论语·子张》："君子有三变：望之俨然，即之也温，
听其言也厉。"远望庄重，近时温和，话语严而不苟，这是柳
宜对儿子美好的愿景。在本书中，将一直用"柳永"这个激荡
了整卷词史的名字。

柳宜的胞弟柳宣，应兄长之邀为柳永取字"景庄"。此字
取自《诗经·陈风·泽陂》中的"有美一人，硕大且俨"，"俨"
意为庄重威严，与其名相得益彰。柳永的大哥柳三复长他八岁，

二哥柳三接长他一岁，在家族中，柳永排行第七，故世人又称其柳七。

关于柳永的生辰，还有一种说法是他出生于 987 年，这两种说法至今没有定论。

经过推断，柳永在 990 年时，就能背出李白的《赠任城卢主簿》，以及长诗《走笔谢孟谏议寄新茶》，到 993 年时就写下了《题中峰寺》。如果柳永吟诗和作诗的年龄是在三岁和六岁，就这些诗的难度而言，有些令人难以置信。故本书中将柳永的出生年份定在了 984 年。

柳永何以从出生就要背负考取功名的责任呢？这要从他的家世背景说起。

柳永祖上世居河东（今山西永济），后来迁至崇安（今福建武夷山）。他的六世祖柳奥是唐代文学家柳冕的侄子，柳奥官至建州长史，再往远些说，柳冕和柳宗元其实是同族同辈。柳永的祖父柳崇曾做过沙县县丞，以儒学闻名。唐末时战乱四起，柳崇遂避世隐居，朝廷多次相邀，柳崇坚持余生不再入仕。

到了柳永的父亲柳宜，他本官至南唐监察御史，颇得后主李煜的器重。但随着国破，柳宜和他的胞弟、四位同父异母的弟弟皆入了宋。后来除了柳宜自己和另两位弟弟宣、寀之外，其他几位都中了进士。而柳宜的三子和三接之子、三变之子在后来也都中了进士，这是后话了。

柳永出生的时候，柳宜已经入宋八年之久，并且一直担任县令的官职。开始是在雷泽，两年之后到了沂州费县，三年之后又到了济州任城，都属山东一带。因为"江南伪官"的身份，柳宜一直得不到朝廷的重用，这对他来说，相比前尘往事有着深深的落差之感。

实现自己的理想，是柳永殷切的愿望。家世也好，现状也好，未来也好，柳宜都希望自己的儿子能够考取功名。身为柳氏子孙，走上仕途，光耀门楣是柳永必须扛起的使命。

关于柳永的出生，坊间还有两件奇事相传。

据说柳永的母亲刘氏在临盆之时，柳家的屋顶上空有一颗异常明亮的星星，待柳永出生后，那颗明亮的星星悄然消失。于是柳家的人都说，柳永就是文曲星转世，这是第一件传说的奇事。

第二件奇事，传说柳永出生之时，柳家祖传的一把古琴不弹自鸣，发出了醉人的乐声。当时柳宜听到琴音，赶忙前去查看。他走到近前，发现琴盖并没有打开，悦耳的琴音却兀自从琴弦上发出。

纵观古代的帝王名臣和名士，许多人的出生都有相关的奇事流传下来，这其中有世人臆想出来的，也有家族自己加上去的。此类的说法多了，世人也就渐渐不太当真。

柳永出生后，柳宜依然在他的工作上忙忙碌碌，兢兢业业，转眼就到了柳永的周岁。周岁的时候，有一个风俗，在今天依然有人沿用，那就是"抓周"。

抓周是周岁礼中重要的一环，一岁的小孩子面对着各种行业的代表物，随意将手伸出，抓住哪个是哪个，随之伴着宾客们的议论调侃和欢声笑语。

柳永的周岁礼那天，柳府请来了许多宾客，甚是热闹。到了抓周的时候，家中为柳永准备好了各种能想到的物件，有书卷、官诰、算盘、笔砚、画作、乐器、胭脂、美食、绸缎等。

抓周开始了，柳永的母亲将他轻轻抱起，放在一众抓周物件中间，众人都安静下来看结果。小柳永首先拿起的是盒胭脂。虽然这只是个小游戏，也不会真的就决定了一生，但毕竟是流传已久的风俗。柳宜的心里不由得"咯噔"一下，心想这孩子该不会以后就溺在温柔乡中不成气候，或终生为情爱所困吧！

柳宜正想着，一旁有宾客说道："这孩子将来定能娶个贤良淑德的美娇妻了。"柳宜一听，可不是这回事嘛，再说本是戏玩之俗，又何必太过在意，面色便由微微凝重转至轻松了。

接下来小柳永又抓了一个物件，那是一管笛子。在古时候，吟歌弄舞、作曲奏乐的乐工群体，本是身份低下之人，但是制定"礼乐制度"，可是当朝大官才能做到之事，于是宾客们又是一番赞美之语。最后，小柳永如父亲所愿，拿起了书卷和官诰等读书经世之物，柳宜频频点头很是满意，心中又多了几分欣喜。

抓周礼结束了，谁人能知，柳永的一生，会和当年的游戏轨迹颇为相像。也不会有人想到，柳永会以他自己的方式，在历史的长河里遗世独立。不管怎样，前路漫漫，他所要经历的，是一场动人心魄的人生历程。那里，有如花美眷，有羁旅劳顿，有洒脱快意，有一方清正，还有许多失意寥落，许多情深难付。

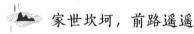 家世坎坷，前路遥遥

本是书香门第，官宦之家，可柳永的家中却始终有一份挥之不去的忧愁。这份忧愁，已经伴随他的父亲柳宜许多年，也笼罩了整个柳家许多岁月，那就是柳宜"江南伪官"的身份。

宋太祖开宝九年（976），早已改称江南国主的李煜，素服待罪。他垂泪对宫娥，永别了那繁华温婉的江南，结束了跌跌撞撞的帝王生涯，成为北宋俘虏。柳宜也怀着无比凄怆的心情归宋，此后，他与曾经的同僚们有了一个共同的名字：江南伪官。

时间渐渐淡化了伤痕。就天下大势，柳宜知道，这个统一的新王朝，将是他实现远大志向的地方。然而，十几年转瞬而去，柳宜依旧担任县令一职，他勤勤恳恳，却也度日如年。

归宋后职位的降低，常年不得升迁的现实，都让柳宜的心沉了又沉。不知何时，能见到他所期盼的那束霞光。而最令他无法忍受的，是那一身绿官服。

绿色官服是当时的北宋朝廷对"江南伪官"一种区别对待

的标签。在宋朝官制里，低级官员的官服为绿色，随着官职的提升渐渐变为朱色、紫色。以官职级别划分官服颜色，对于长久郁郁不得志的柳宜来说已是难堪，但当时的情况不只如此。

因为宋朝官制中还加了一条：低级官员资格老者，可穿紫服，而高级官员升迁快者，一样还是穿绿服，但是，"江南伪官"则一律穿绿服。

这就等于说，江南投宋的官员，没有升迁快慢和资历深浅之分。在整个大宋朝堂，他们都被另眼相看。

柳宜本是书香世家，有着知识分子素有的傲岸。然而自入宋以来，他的傲岸随着年月被蹂躏打击，那是君主对他的蔑视。那身绿色的官服在他眼中是那么刺眼，直击他的心里。

另外，宋朝官制有"选人"和"京朝官"之分。通俗来说，士人科举中第踏入仕途后，都是自"选人"做起，在经过改官后，方能并入"京朝官"的行列。此制度是面向所有通过科举走入庙堂的官员，但每科状元则直接列入"京朝官"，可见两个序列官员地位的差别。

宦海中的官员，没有谁不想早日改官成为"京朝官"，柳宜自然也是。虽然官服颜色给了他很大的精神枷锁，但若是早日改官成功，也是一些慰藉。

宋时改官少不了上级官员的推荐，或君王的直接提拔。柳宜在这方面的运气实在是不好，当然这和他"江南伪官"的身份脱不了关系，兢兢业业、政绩斐然的他在宋朝任县令的职位有十三年，改官之路还不知何时才能到来。

对于久沉下僚的官员来说，有没有其他办法改变现状呢？对这一方面，大宋官制又有规定：长年未能改官的官员，有两种方法可以补救，一种为"叫阍上书"，另一种就是参加科举成为进士。

在过去的十多年里，柳宜曾经的南唐同僚就有人通过科举改变了仕途不顺的现状。然而柳宜却因各种原因，错过了一次次的科举考试。机缘之下，已到天命之年的柳宜，决定走"叫阍上书"这条路。

所谓"叫阍上书"，就是到登闻鼓院上书申诉之意，成功与否在于召试的官员是否认可自试人的才学，以及自试人是否能顺利通过命题考试。

柳宜此次"叫阍上书"的机缘在于，淳化元年（990）正月初一，朝廷下了一道圣旨：取消江南伪官必穿绿色官服的规定，以后官服的颜色，所有官员按等级划分，同等对待。

这是新岁的第一个好消息，柳宜从中看到了朝廷对"江南伪官"态度的转变，那束期盼已久的曙光照进了他的心里。他不再犹豫，带着激动的心情，在书房忙碌了整晚，整理出自己的三十卷文集，一一封存装箱。只等天明，便奔向那繁华的京师。

柳宜一路上马不停蹄，他一遍遍分析着当下的形势：朝廷初立新规，自然希望有个更能说服人的典型，如果这次改官成功，那么对其他南唐旧官，莫不是朝廷愿意重用的一个讯号。关于治国才学，柳宜对自己还是很有信心的。这样看来，他认为这次自试胜算很大，这样一想，他的心情又多了几分愉悦。

经过半个月的车马劳顿，柳宜到达汴京，他稍事梳洗后，就意气风发地赶去登闻鼓院，敲响了登闻鼓。

此时判[①]登闻鼓院的是 985 年这科的状元梁灏，梁灏曾是柳宜之徒，也曾从学于柳宜的忘年交王禹偁。梁灏看到来者是柳宜，很快就上报了朝廷。

一夜之间，柳宜"叫阍上书"的消息震动了朝廷，这是为何？

其实，这并非柳宜的第一次申诉，早在太平兴国六年（981）二月，他就敲响过登闻鼓。那一次，不为仕途，只为孝道。

柳宜的父亲柳崇在太平兴国五年（980）去世。当年，柳崇从其子柳宜的任所济州巨野返回故乡，中途却生了疾病，无奈之下，不得不返回巨野。最终，在这年的十一月，因病症过重在巨野去世。

接到丧报的柳宜，立即动身从沂州费县赶往济州巨野。寒冬时节，北方狂风呼啸，大雪飘飞，柳宜竟一路赤脚徒步而行。古时候，赤脚徒步奔丧被视为至孝的典范。父亲的离世，给柳宜带来了沉重的打击，他想最后尽一次孝。

可是这时候，宋朝官制又要约束他，"不许吏受三年丧"的规定横在了他的一片孝心面前。中国有父母去世，儿女当守孝三年（实为 27 个月）的古礼，此礼上自皇帝，下至百姓，都要遵守。但对宋朝官员来说，只有京朝官可以守此古礼，选人

[①] 注："判"作署理、任职之意，可直接"判加官邸或官职"，《宋史·梁灏传》。

则不能。

亲人去世的打击，不能守孝的痛苦，处选人之位遭遇不公待遇的愤懑，所有的情绪溢满了柳宜的内心。守孝乃是古礼，凭何以官职来区分？带着这样的疑问，柳宜身披重孝，赤脚徒步走到了汴京申诉。

这是柳宜第一次到登闻鼓院，疾风裹挟着肆虐的雪花，他满心的悲痛不忿，用尽力气敲响了登闻鼓。朝廷听闻他在寒风中赤脚徒步而来，大为震动，就连宋太宗也被深深感动。虽然最后的结果是失败，但柳宜的美名一时誉满京华。

倏忽之间，这件事已过去了十年。如今柳宜的心情与当年截然不同，他怀着满腔的期望，再次"叫阍上书"。当朝中官员们知道来者是柳宜后，他们还是表现出了发自内心的敬佩，太宗皇帝也同样记得他当年的事迹，连忙命新任宰相吕蒙正召试柳宜。

吕蒙正素来以宽厚正直、知人善用著称。果然，他将柳宜带去的三十卷文章翻阅后，大加赞赏，并在第二天就召见了柳宜。柳宜的至孝之举，说是感天动地也不为过，因这层缘故，吕蒙正对柳宜本就颇有好感，加之才华卓然，更多了几分青睐。

召见当天，吕蒙正稍作沉思，给出了柳宜召试题目：《汉时以粟为赏罚事论》。

多年基层官员的磨砺，并没有减弱柳宜在治国政略方面的能力，反而因为深知百姓疾苦，有了更多贴近民生实际的政见。只见他略加思索后，洋洋洒洒地轻松成文，吕蒙正拿过他一气呵成的精彩文章，还未阅完，已是满目欣赏之色。

柳宜静静地望着眼前这位比自己还小几岁的宰相，仿佛时光在那一刻静止了。他感到多年未有过的轻松，对成功的把握，又多了几分，对未来的憧憬，也随之多了几分。

家族声起随伊去

　　吕蒙正阅罢，只是让柳宜先回宿馆等候消息，毕竟最后的裁决权在皇帝手里，他是不能擅自做出任何承诺的。随后，吕相很快就将柳宜的策论呈给了宋太宗。还未等柳宜从紧张的情绪中稍作缓和，圣旨已下：授柳宜京官最高阶著作佐郎，差遣往全州（今广西全州）去做通判。

　　新岁已过，早春渐至的气息越发浓烈起来，寒梅绽放，阳光一天天更和煦了，而寒风也一点点收减着它的凛冽之气。

　　柳宜永远不会忘记，当圣旨颁下的那个早晨他激动到无以言表的心情。在心中积压多年的阴霾，刹那间似乎随着天边的一朵浮云，轻轻地飘走了。

　　柳宜成功了，而说到这次被授予的官职，就需要再次对宋朝官制作以解释。

　　在宋朝，"选人"是低阶官员，经过改官成为"京朝官"后，就上了一个档次。而京朝官又分京官和朝官，京官不参加上朝，朝官才有资格参加朝会。京官和朝官中，又各自有等级划分，京官中的最高阶，就是柳宜此次被授予的著作佐郎。

著作佐郎代表的是官员的级别，具体表现形式就是在俸禄上，也就是说此后柳宜所得的俸禄，就是著作佐郎这个级别的。而差遣的具体职位，才是官员所任官职，管辖的地区、手中的权力则是由"差遣"决定的。"全州通判"就是柳宜的具体职位。

接到圣旨后，柳宜恨不能插上一双翅膀，飞回任城，告诉家人们这个好消息。于是，他用最快的速度踏上归程，一路上喜悦与焦急在心中翻腾。

柳宜快马加鞭回到了任城。家眷们听说这次改官如此顺利，全家上下自然开心不已，那一日，在柳府门外都能听到内院传出的欢笑声。多年的凤愿达成，任谁都会忘形。

很快，柳夫人便吩咐下去，收拾行囊，为全家离开任城做准备。

当时，柳家离开任城并不是要随柳宜去往全州，这里就又牵涉到宋朝的官员制度，稍后再做解释。现下，柳宜将携全家先去往京城，领各项任职文书。随后他还需将家人送回故乡崇安，方能去全州走马上任。

在任城十年，总会有些许不舍，不过在巨大的欢喜和对未来的向往中，那些不舍也就化为了柳家人心头轻飘飘的情思，如天际的青鸟般倏忽而过，虽然眷恋，但并不悲沉。

相较于家人的雀跃，柳永对任城的不舍更为明显。他皱着眉头看着府中的人们忙忙碌碌，总似有什么心事。柳宜向来很关注三个儿子的平日状态，他将柳永叫至身边问道："三变，你怎么了？可是有什么心事？"

小柳永看了看大家，低声道："父亲，孩儿没什么事，只是……还从未去过那太白楼，就要离开这里了，实在是感到心中有憾。"

"噢？原来就为了这事，都怪为父大意了，竟不曾带你去那太白楼游赏一番。不过到了汴京，那里一样有许多名胜之地，到时足可以弥补错失太白楼的遗憾了。"

"可汴京再繁华，并不是李白携家定居和常与好友诗酒唱和之地啊。"柳永带着一丝失望说道，惋惜之感表露无遗，这倒引起了柳宜的注意。

"没想到我儿小小年纪，竟有不为游赏美景，只为领略先贤风采的志气，好好好……"柳宜一边说着一边微笑点头。他相信，柳家未来的兴盛在三个儿子身上定能实现，他尤其看重柳永，在他心里，尚在幼年的柳永已有崇尚诗仙之心，说不定在未来他不仅能光宗耀祖，只怕是诗文之才也能流芳百世呢。

七岁的柳永，一遍遍诵着李白在任城所书写的浩然浪漫的诗篇，等待着见识汴京的繁华，期待着将来的际遇。

柳家人收拾好行装后，就定好了出发之日。这天一大早，春意已经渐浓，只在清晨尚有些清寒之感，天蒙蒙亮的时候，柳宜携全家人出发了。在任城十年，终是要离开了，柳宜想将内心的波澜悄悄收藏，然后轻轻离开，故而一家人的动静尽量很小。

等到一出家门，那是柳宜和全家都为之震惊的场景。只见全县的老百姓几乎倾城出动，守候在柳家门口，柳宜的泪水在那一瞬间滚落，若不是志向所累，他甚至愿意在这个山灵毓秀的地方过完一生，做当地百姓一生的父母官，又何尝不可？

百姓们自动让开一条路，柳家人在前面一步一回头，百姓们有的拭泪，有的絮叨着对柳县令的不舍，就这样到了不得不分开的时候。

百姓们高呼："柳大人，不要走啊……"柳宜转身向大家道："我柳某在此地十年，只是做了为官本分，今能得大家如此厚爱，实在有愧。大家放心，朝廷一定会为你们派一位爱民如子的父母官的。"

百姓们听到此处，也就不再说那般强要挽留的话，只剩下祝福和告别的声音。柳夫人刘氏在此时也不忍落泪，离别哪能不凄凉。柳家和任城百姓就在那个尚有微寒的早春，互道珍重，挥泪相别。

柳宜带着全家离开了任城，并没有直接去往汴京，而是去了济州巨野——其胞弟柳宣的官舍。此中用意，自不必说，只为今后山南水北，再见一面相当不易，便在临行前赶去相聚。然而柳宜也没有想到，这将是他与柳宣团聚的最后时光。世事茫茫，许多时候，真是半点也由不得人。

相聚几日后，柳宜全家离开了巨野，几日后顺利抵达汴京。

京城真是个不一样的世界，繁华绮丽，喧哗招摇，就连城门和马路，也比任城阔气很多。自从进了城门，柳永就好奇地将脑袋一直探到马车外面，打量着这个陌生的都城。

　　柳宜一行人很快找了客馆留宿,待收拾停当后,柳宜匆忙去拜访了一个人。这个人不仅是柳宜的忘年之交,在今后,对柳永三兄弟来说,他将有着特殊的意义。而对柳永个人而言,这个人将成为他生命中最重要的老师。此人就是王禹偁。

　　王禹偁是北宋诗人,散文家,宋时有名的直臣。他是济州巨野人,巨野恰好是柳宜胞弟柳宜的任所之地。机缘巧合,柳宜初在雷泽任县令时,就结识了比他小14岁的王禹偁。

　　王禹偁出身平民,家中务农为生,父亲开了家小磨坊。在这样平凡家庭成长的王禹偁,却是个不凡之人。他聪慧多才,尤擅诗文,年少成名,才名蜚声当地。

　　出身小官宦之家的柳宜,是书香门第中人,加之志趣相投,他与王禹偁一见如故,交好一生。

　　王禹偁没有辜负自己的才名,太平兴国八年(983),也就是柳永出生的前一年,30岁的王禹偁及第进士。到了端拱二年(989)时,他已回京任右司谏、知制诰,如今,他已判大理寺。总之,王禹偁前期仕途通达,而后期却波折跌宕,一切皆因那耿直的性情。

　　柳宜刚到王禹偁的府门口,还未说自己是谁,那守门的仆人已道:“柳大人快请,我家大人已等候你几日了。”

　　王禹偁在中进士后的第二年,就被派往苏州任职,从此他与柳宜山高水远,离断天涯,再也无法围炉煮酒,互诉衷肠了。虽然无从考证在王禹偁离开山东后,他二人是否还有过短暂的相聚,但在那个车马很慢的时代,从此天涯相离,后会无期已是必然。

如今都城相聚，对于身处宦海的他们来说，更有了特别的意义。若说柳宜在年初"叫阍上书"时，为何二人未曾见面，那自然是为了避嫌，彼此间互有的默契。

柳宜进了王家大厅，王禹偁早已热情地迎上来，两位老朋友一时间竟开心得说不出话来。百感交集间，两人都红了眼眶。

叙了一会儿旧后，王禹偁坚持派人去旅馆接柳宜的夫人和三个儿子前来，并吩咐管家，好好准备一桌晚宴，还命人收拾几间最好的客房出来。柳宜本不愿麻烦好友，只想与好友叙旧畅饮一番，奈何盛情难却，也就听之安排了。

对于柳永来说，他出生的那一年，正是王禹偁去苏州赴任的那一年，这是他第一次见到父亲常常提起的那个才子叔叔。

初次见面，王禹偁对柳宜的三个儿子是相当喜欢，尤其是柳永。他常常在大人们谈话时说一些诗文方面的事，虽然很是稚嫩，但已实属不易，这引起了王禹偁特别的关注，柳永对这个叔叔也是格外崇拜。

柳宜一家在汴京住的几日，柳永常常缠着王禹偁，请教各种诗文方面的问题。三接和三复，还有王家的小公子也愿意参与其中，很有一番学习的气氛。大家之间的感情日益深厚。

等柳宜领完各项赴任文书后，他们就要离开汴京了。送别宴上，王禹偁写下《送柳宜通判全州序》。离别的伤感萦绕在双方的心头，春意已浓，却觉萧索。

风华少年，初现锋芒

　　宋朝规定，官员调往他处任职时，如果父母健在，而又不携双亲的，可以先探亲，一个月后再行赴任。于是柳宜计划好时间，携了家眷去崇安探望继母，也顺便去看看毓秀的故乡山水，陪伴家人度过一段时光。

　　花期已然招摇，沿路清风暖水，虽在水陆之间来回跋涉，但并不影响柳家人的玩赏之心。越往南去，山水草木那独有的秀丽，越发引人入胜。柳宜夫妇和柳永兄弟三人见了那胜似丹青的江南风光，方领略到山清水秀的意蕴，心神都已沉醉，赶路的疲惫几近散去，似乎很快就到了崇安。

　　为什么柳宜不带家眷去全州呢？在宋朝，本是允许官员携家人去任所的。但是宋制里还有着一项特殊规定：川峡四路、广南东西路、福建路、荆湖南路在内的八路都是边远之地，官员去任职期间，不允许携家眷异地相陪。而全州，在当时恰好属于荆湖南路。

　　不仅如此，这个规定的执行也是相当严厉。如果有违反此制度者，或是投机取巧，以妻子冒充侍婢或姬妾，带去异地任职的，一旦被发现，最轻也会被罢官除名。在制度的约束下，柳宜将家人安顿在故乡是唯一的选择。

柳宜本性低调清雅，如今却避不开一番高调了。柳宜的故乡在崇安五夫里，当他们刚到乡间，家人已经在那里等候了。其母虞氏，四位兄弟以及各家妻小，一个都不少，足见亲情深厚。

接下来，这里将是柳永生活学习的地方。这里山清水秀，自古文人大家辈出。唐圭璋先生的《两宋词人占籍考》中记载，在有籍贯可查的七百多位两宋词人中，福建就有九十多人，可见文风之盛。这对喜好诗文的柳永来说，真是培养才学、熏陶性情的好地方。

柳宜安顿好了妻小，暂住几日后，带着仆从踏上了去全州的路。

又是一场离别，山南水北，天涯相远。柳永和家人看着柳宜渐渐远去的背影，忽然明白世间的分别在许多时候是一件无奈的事。

多年后，他写出了一首首关于离愁别绪的好词。其中的巅峰绝调，打动了无数的世人，带走无数的叹息。

在故乡，柳永和兄弟及母亲很快融入了当地的生活。他还有四位叔叔，他们是柳宜的继母虞氏所生，分别是寘、宏、寀、察四兄弟。

文风昌盛的崇安，给柳永提供了培养诗文之才的好环境。在与兄弟们一起上学堂的同时，他的四位叔叔也不时教导其学业，这对于正处文学启蒙阶段的柳永来说，起到了至关重要的作用。

除此以外，还有一个人为柳永今后在作词方面的成就打下了坚实的基础。这个人就是柳永的母亲刘氏。

宋词最初是歌词，在由歌词到文人作词的发展中，音韵和谐美好是一首好词必备的条件。在柳永之前，小令几乎独步天下，其实这和其他多数词人不太精通音律有很大的关系。

柳永和东汉的蔡文姬、唐代"诗佛"王维、他之后的周邦彦、南宋的姜夔等，都是精通音律之人。不能说不懂音律的人的诗词作品就会逊色，而是对词而言，懂音律就像是多了一门专业技能。

而刘氏就是教授柳永音律的老师。在任城的时候，因为年纪尚幼，加之柳宜敦促学业很紧，除了时常听到母亲弹琴，柳永并没有什么机会去好好学习乐理知识。如今在崇安却不一样，叔叔们虽然会监督孩子们的学业，但毕竟是叔侄关系，是不好太过苛责的。

刘氏并非只会简单地弹几首曲调，她是唐代著名乐师雷海青的后人，对乐理的精通堪称专业大师水准。在崇安的几年，她发现柳永对音乐有着浓厚的兴趣，惊喜之余，她倾囊相授。

一边在乡间徜徉秀丽山水，一边去学堂精进学业，同时还晓得各种乐理知识。在崇安的柳永，收获颇丰。

古时读书人都喜欢领略山水的魅力，柳永的几位叔叔也不例外。闲暇时候，他们总会带着家中的晚辈，选择一处或明秀或奇巧的山峰，游赏对诗，烹茶吃酒。

身在钟灵毓秀的崇安，流水清风，云月烟霞，峻峰深谷，都令柳永深深陶醉。随着学业的增进和年龄的渐长，他也会自己写写诗词了。这曾经是他极为渴望的事，不想如今也是水到渠成了。

转眼之间已经过了三个春秋，武夷山绝美的景色依旧在四季里变换着。992年的这一天，四位叔叔又带着几个孩子出游了，他们去了崇安县以东寂历山中的中峰寺。

清泉在山中奔流，悠悠穿过古刹，一路上山峰陡峭，竹林深深。叔叔们都诗意大发，各自陶醉在旷然又幽静的景色里，咏出一首首佳作。

柳永此前已经会尝试着作诗，此时竟有技痒之感，于是，悠然吟出了这首《中峰寺》：

> 攀萝蹑石落崔嵬，千万峰中梵室开。
> 僧向半空为世界，眼看平地起风雷。
> 猿偷晓果升松去，竹逗清流入槛来。
> 旬月经游殊不厌，欲归回首更迟回。
>
> ——《中峰寺》

他攀过山峰，涉溪穿林而来，终于到了这有着几百年历史的古寺。寺中还流传着一个故事，传说唐昭宗的时候，寺中有猛虎，有位伏虎禅师居于寺中。当人们前去捕虎时，只见禅师已将虎驯服，竟骑虎出来迎接众人。柳永身在其中，脑中浮现出当年禅师的风采，便写在了诗中。

此诗一经咏出，柳永的叔叔和几位兄弟们一阵叫好，柳永的内心得到了极大的满足。他不由幻想日后自己名满天下的样子，必是以潇洒风流的身姿，挥笔写下一首首千秋好词，惹得万千世人倾慕。

其实，这首《中峰寺》还是有些稚嫩的，可对于一个九岁的孩子来说，已经是相当难得了。未来不可限量，当时大概很多人都是如此想的。

转眼到了淳化四年（993）的新岁。正月里就传来了一个好消息，柳宜由著作佐郎转官为太子左赞善大夫，被派往扬州公干。

关于柳宜的这次转官，有两种不同的说法，一种说法是他被留京任职，另一种说法是他被派往扬州任职。笔者在本书中采用了被派往扬州任职的说法。

这个问题直接关系到柳永今后生活的地方，所以对于采用这种说法的理由，有必要稍作解释。

当初柳宜去全州任职后不久，他的知己王禹偁就遭到贬谪。自淳化二年（991）起，王禹偁历经三次起落，在被召回京城和贬往他乡之间辗转反复，很是辛苦。

而对于柳宜转官至扬州一说，就是通过王禹偁的一首诗得出的结论。这首古诗，是王禹偁被贬去扬州后于至道三年（997）二月所写，叫作《扬州寒食赠屯田张员外成均吴博士同年殿省柳丞》。

　　诗歌首先回忆去年寒食节的情形，接着写到了今年的寒食节，有三位"贤人"与他共度此节，其中一位就是柳宜。诗中的前一年，也恰恰是柳宜在扬州三年后，由左赞善大夫转官为殿中丞的时间。

　　在诗中，已经给出了柳宜任职于扬州的答案，诗中有"屯田有素交，屈此关市征。昔年同应举，典衣飞巨觥。博士东观客，求官得步兵。况且丹陛前，同为出谷莺。殿丞尹我邑，桑梓复弟兄。吏隐掌醝茗，终朝看道经"。

　　这几句诗很明确地表示了屯田张员外由朝廷派来处理市征之事，成均吴博士则是来扬州游历，而"殿丞"是"殿中丞"的简称，意为殿丞柳宜治理着扬州，与自己同在此地共事。

　　据此可以知道，997年，柳宜尚在扬州任职。那么关于993年由全州的这次转官，自然不会留在京城。

　　柳宜顺利转官离开了全州去扬州，此次最大的欣慰是可以带着家眷一同前往。在那里，柳宜将带着妻小们，在如画的烟雨江南，开始另一段仕宦生涯。

少年词心，誉满京华

年少时的柳永，虽也因父亲的调遣而辗转几地，但所去之处都是人杰地灵，山水俊秀之地。每到一处，满眼都是看不尽的旖旎风光，怀念旧地的伤感还未过去，就已经被眼前的风光所吸引了。

到扬州时，柳永已是十岁的少年，这里有春江水暖，这里有渔舟唱晚。不需要刻意地适应，一草一尘，吴侬软语，他很轻易地就喜欢上了这里。

在柳宜于至道二年（996）转官为殿中丞后，至道三年（997），宋太宗赵光义驾崩，新帝赵恒即位，是为宋真宗。

新帝即位，必然施恩天下，群臣皆进阶一级，柳宜晋升为国子博士。并且，他又要去别处任职了。只不过这一次最为不同，那是每一个身处宦海的臣子都想去的地方——京城。

应该说，从柳永有清晰记忆的时候，父亲柳宜过去十多年的怀才不遇，已如浮尘般不见了踪影。自小接受儒家教育的柳永，看到的都是父亲的顺风顺水，所以在他的认知里，大概觉得仕宦生涯也多是如父亲这般的。他不知道的是，在这条路上，他将经受漫长的跋涉，痛苦的攀爬。

柳宜携家眷到了京城，一切很快就恢复如常了。回想从"叩阍上书"之后的这几年，柳宜深感欣慰，唯一令他伤感的事，就是弟弟柳宜去世了。没想到改官成功后的那一面，竟成了永别。这世间事，总有猝不及防的遗憾，总有一别就再也见不到的人。

但是，有一件事让柳宜十分欣喜，那就是至交好友王禹偁也被刚刚即位的真宗皇帝召回了京师。说起来，他二人的聚散离合倒是颇有缘分，在此做一个简单的梳理。

在柳宜去全州任通判不久，王禹偁因为徐铉被僧人道安诬告而为其辩护之事，被贬去商州（今陕西商州）任团练副使。徐铉就是随后主李煜降宋，后来探视李煜时，将李煜后悔错杀潘佑、李平的事告诉了太宗而导致李煜被杀的那位。

王禹偁性情耿直高洁，自考中进士后，他的仕途就很顺畅。可八年之后，他的脾性还是影响到了前途，从此开始了他的颠沛贬谪之路。

淳化四年（993），柳宜调往扬州之后，王禹偁被召回京城，不久便自请外放。至道元年（995），王禹偁被召回任翰林学士，可是不久后又以诽谤朝廷的罪名被贬去滁州任知州，一年后，被调往扬州任知州。这样一来，两位好友又在扬州相聚了。

至道三年（997），随着真宗即位施恩于群臣，柳宜在四月被调回京师，而王禹偁也在秋天被召回京任刑部郎中复知制诰。

一对好朋友终于在天子脚下相会了。

柳永深受父亲的影响，后来在扬州和京城的岁月里，又有王禹偁这位他幼时就崇拜的长辈。两位长辈的为官做人之道深深影响了他。他有他的潇洒，也有他的风流，但他们奋勇入世的儒家思想，兼济天下的高远追求，清廉正直的美好品性，已经渗透在他的成长里。

自从王禹偁去了扬州，柳永便不时去府上请教，他们之间的关系就像师徒一般。王禹偁家中藏书繁多，他从来不吝于让柳永借去翻阅，柳永在诗词上的兴趣和天赋，也令王禹偁十分欣赏。

身为父亲的柳宜，渐渐发现了柳永这个问题，看着他一年一年长大，心里竟有了一丝担忧："这孩子以后不会沉迷于填词作诗而忘了考取功名吧？"柳宜常常这样自问。

为了让兄弟三人牢记苦读的意义，回京后的日子里，柳宜常常会将他们叫到身边，问一些治国经世的问题。三接如往常一般，都会给出虽不出彩但合适的答案；三复回答的水平总是忽上忽下，柳宜对此曾恼火过几次，三复原本很聪慧，他认为是被蹴鞠扰乱的，所以才会出现水平不一的情况。

而柳永，有时候会在思量一番后给出最为妥帖的答案。柳宜对他虽然有些担忧，但看他每次都会顺利过关，便不再干涉他对诗词和音乐的热爱。

已成翩翩才俊的柳永，在繁华的京城，勾勒着诗情画意。他常常喜欢在午后，放下手中的经史策论，然后填一阕词，抚一曲琴。落花洒在琴弦上，好像红尘里的知音，静默无言，但已撩动了心弦。

咸平元年（998）的一天，春日里柔暖的阳光洒在京师的每一处，柳宜应友人之邀前去赴宴，柳永和兄长随父亲一同前去。

这一天，主人家准备了珍馐美酒，歌舞雅乐，宾客尽欢。酒至微醺，在轻薄的纱帘里，歌伎在帘内为众人吟歌。透过纱帘，只能依稀看到那女子的容颜神态，但能看出是一位美貌的女子无疑。

她手持红牙板，一下下清脆入耳，配以缭绕的琴音，勾起多少人的心神。当女子美妙的歌声从帘内飘出时，原本喧闹的酒宴霎时静下来。只听那歌声时而婉转孤清，时而高亢有力，牵扯着每一个人的心绪，宾客尽已陶醉其中。

待一曲歌罢，人们犹沉浸在美人的歌声中，只听一个青年的声音在大厅内响起：

帘内清歌帘外宴。虽爱新声，不见如花面。牙板数敲珠一串，梁尘暗落琉璃盏。

桐树花深孤凤怨。渐遏遥天，不放行云散。座上少年听不惯，玉山未倒肠先断。

——《凤栖梧·帘内清歌帘外宴》

座中宾客随着声音的方向望去，原来是柳宜的小公子。只见他眉目如星，随口便吟出一首妙词，何为信手拈来，何为一气呵成，此时的柳永当如是了。一曲吟罢，只听到如潮般的赞许声。众人无不佩服，多人拍桌喊道"好一首妙词"，已有人将它写下来，在座席间相互传阅。

在一片喝彩声中，柳宜连连说道："是小儿鲁莽，见笑了，见笑了。"宾客见他谦逊，又将柳永夸赞一番。这时候主人已将柳永的新词递给了帘中的歌伎，乐声再起，席间再次安静下来。

旧曲搭了新词，在香尘美酒间荡漾开来，飘入了大家的耳中，旧曲陡然有了别样的意蕴。歌伎唱得字字深情，众人听得如痴如醉。一场宴会，因为柳永的这首词而增彩了不少。而这首词，经过漫长的历史洗礼，将依然在写意音乐的诗词中占据上乘之席。

只不过两三日的时间，却足以将事情传遍京中。

十六岁的柳家公子，席间信手而来的一首词，可堪大家之作，美名响遍人才济济的汴京城。再看秦楼楚馆里、勾栏瓦肆中，抑或有私家歌伎的豪门朱户，几乎处处都能听到这首《凤栖梧·帘内清歌帘外宴》。词中的"坐上少年"就在誉满京华的状态下，开启了他潇洒快意的青年生活。

就在这个春天，柳宜的弟弟柳寘和柳宏顺利登科，成了柳家的一大喜事。家族的荣耀，名满京城的少年风采，都让柳永意气风发。在他眼中，应试登科，步入宦海，对于自己来说都是顺理成章的事。

束发之年的柳永，经常与京中其他世家子弟出入风月之地。芳艳多姿的女子，丝弦檀板的入心乐声，歌尽桃花的烟花巷陌，都是柳永流连所在。

在今天看来，这似乎不可思议。但在古代，男女嫁娶年龄都很小。宋朝时候，男子娶妻年龄是十五岁，所以这时候的柳永开始进出欢乐场，在那个年代是很平常的事。

不过，柳永并不是沉迷酒色的纨绔子弟。他只是喜欢在那里饮几杯酒，听听曲子，再填几阕词。

闲暇的时候，柳永最爱去的地方还是王禹偁家中。每每来去之间，都是还了旧书，又借新书。王禹偁从不吝啬，只要是柳永想读的，他都会满足。

可在这一年，对柳宜和柳永来说，又发生了一件不好的事，王禹偁再次被贬了。

这年朝廷要重修《太祖实录》，却不想这件事导致王禹偁第三次被贬。

王禹偁心中大约是这样想的："既是实录，那就得实事求是。"身在庙堂十五年，他不是不知道，若是这样做会给自己带来何种灾难。果不其然，以宰相张齐贤为首的执政大臣，弹劾他议太祖之事不知轻重。那"明知不可为而为之"的勇气，放眼世间也是难得，这是他最令人感到无奈，又极尽佩服的品行。

已至年底，在凛冽扑面的寒风和霜尘中，王禹偁离开了汴京，去了被贬之地黄州（今属湖北黄冈）。动身的那天，柳宜带着三个儿子去送行。离别从来都不是件轻松的事，这一次，柳宜的心情较之以往更为沉重。果然，这一别，就成了永远。

　　王禹偁在离开前，将自己不好带走的书卷都留给了柳永三兄弟，当然最主要的目的，是留给和他感情最为深厚的柳永。已是俊朗青年的柳永，明白王禹偁对自己的期望，他暗自发愿，一定不会令对方失望。那天，望着渐去的小船，看着王禹偁越来越小的身影，他还是没有忍住，流下了眼泪。

才子词人醉繁华

第二章

初婚相惜，脉脉深情

在古代，各朝代的法定结婚年龄是不同的，宋朝规定男子十五岁、女子十三岁就可成婚嫁娶了。柳永自然也到了娶妻的年龄，但他自己却不着急。

回到汴京的这几年，柳宜的仕途一直比较顺利，柳家的境况越来越好。有了条件，柳永也就有资本常常出入勾栏瓦肆。

因他才名在外，每次和世家公子们一起去烟花之地时，他总是众人的焦点。如若再填上一首词，那便成了当日宴饮上最令人期待的环节。

可柳宜夫妇却不能任由他潇洒。在几番催促后，于咸平四年（1001）为柳永娶妻。

古时的婚姻虽说有"父母之命，媒妁之言"，但在宋朝，这并不等于不遵从当事人的心意。所以说，柳永要娶的妻子必然还是自己中意之人，方可成婚。

柳宜夫妇为柳永物色的这位女子，也是京中一位官宦之女，相貌温婉，知书达理。

关于柳永妻子之名，并没有找到具体佐证，在这里，我们就称她为蕙娘吧。

按照宋时婚俗，欲结亲的两家在为两位年轻人看过八字后，便会安排正式的相亲。

那天，一个风流倜傥，一个楚楚动人，乍见之下，已是彼此倾心。原本对娶妻有排斥的柳永，在见到端庄可人的蕙娘后，突然对婚姻充满了期待。年轻真好，爱恋也好，嫁娶也好，都可以因为眼前人是心上人而觉得生活有了无数种幸福的可能。

双方父母看在眼里，很快便张罗完下聘定亲的事，只等到了选好的吉日，便行嫁女娶亲之事。

好日子很快就到了。这一天，虽不是十里红妆，却也因为词满京城的柳家公子成婚而热闹非凡，京中与柳宜有交情的官员都纷纷赶去道贺。

也不知怎的，三年前柳永的那首《凤栖梧·帘内清歌帘外宴》，沉寂了许久后，在烟花柳巷里再次翻红。想来也是因为柳永要娶妻的消息传开，被某个歌伎感慨之时，翻来一唱，结果又引得人们纷纷传唱。

忙碌的一天终于结束了，新婚的妻子在烛光下含羞而坐，光彩照人，让柳永怔怔端详了好半天。新婚燕尔，最后都化在一夜温存里。

第二天清晨，柳永在迷蒙中醒转，才恍然意识到自己已是有家室的人了。看着身边美丽的妻子，他披衣下床，兴致勃勃地写下了这首《斗百花·满搦宫腰纤细》：

满搦宫腰纤细。年纪方当笄岁。刚被风流沾惹，
与合垂杨双髻。初学严妆，如描似削身材，怯雨羞云
情意。举措多娇媚。

争奈心性，未会先怜佳婿。长是夜深，不肯便入
鸳被。与解罗裳，盈盈背立银釭，却道你但先睡。

——《斗百花·满搦宫腰纤细》

新婚的妻子妩媚而羞涩，昨夜至深，她因为害羞，还对欲
解她罗裳的夫君说："你先去睡吧。"词中将蕙娘初为人妇时
处处透着小女儿娇羞之态的外形、心理以至行为，形象生动地
表达了出来。这更令柳永觉得妻子是如此的可爱，以至于在第
二天早晨，就以一阕词表达一番。

等蕙娘起床了，柳永开心地将新词拿给她欣赏。谁知蕙娘
还没等看完就"哎呀"了一声，整张脸已经绯红，连连埋怨柳
永怎可将夫妻间的初婚窨事写在词里。这更是乐坏了柳永，此
后的日子，还常常拿这件事开蕙娘的玩笑。

婚后的生活着实甜蜜。那段时间，夫妇俩或临风对月，或
携手闲坐，或踏春赏秋，一对璧人羡煞了旁人。

柳永婚后，柳家又有了一件喜事。柳宜的弟弟柳察在省试
落榜的情况下"叫阍上书"成功了，具体过程与柳宜当年别无
二致，如今只需回乡等待朝廷派遣就好。

也是在这一年，一个不幸的消息传来，令柳宜大受打击，
与他结交半生的王禹偁过世了。自从王禹偁被贬黄州，柳宜日

夜盼其归京，不承想，盼到的竟是他在黄州调往蓟州后不久便去世的消息。

消息送来的时候已是盛夏，那天太阳火辣辣地挂在京城上空，一丝微风也没有。

听到消息的柳宜，心不知怎的就空了一下，他不知该如何表达，片刻后，脑海中只想起庄周的那句"送君者皆自涯而返，君自此远矣"。这话可使人平复许多不甘，可以令人追逐的疲劳得到慰藉。但对于离别一场、再会无期的至交来说，此话中对方远去的场景，更在稍稍豁达的方圆内斑痕交错，从此成了深植于内心的痛。

在柳宜眼中，王禹偁身在凡尘却绝非俗人，应当是不会太纠结于永别的悲哀中吧。

此时的柳永，还沉浸在新婚的甜蜜里。在知道王禹偁过世的消息后，并没有过多地追问细节，只是抹去了他的初婚之喜。

他将自己关在书房里，将王禹偁的书和诗一一整理，他要好好珍惜如师如父的王禹偁留给他的最后的东西。蕙娘知他苦楚，只是默默陪伴，并不干涉其他，只等时光渐渐抹平失去的伤痛。

柳永新婚后，有一段时间很少去燕楼舞馆。那段时日，除了进修学业，他几乎将所有的情感全身心地投入在了蕙娘身上。闹市中的少年夫妇，享受着世外桃源般的爱情。

可是，柳永本不是在家中守着妻子过一生的人。青楼文化的盛行，除了它在当时社会的合法化，还有个原因就是风月女子和士人阶层达成的一种文化默契。

抛去酒色带给人的刺激不说，古代社会的青楼女子往往都是才貌双全，琴歌书画舞等才艺和她们的容颜一样，是自己能在风尘中生存的必备技艺。而其中色艺双绝的佳人，就成为士人们追逐的佼佼者。南北朝的苏小小、唐朝的薛涛、北宋的李师师、明末的陈圆圆等这些跨越了漫长的历史，依旧常常被人们提起的佳人，就是那样的女子。

在封建社会，有才学的女子少之又少，若不是士族王侯出身，就只有从小受到严苛训练的青楼女子了。于是，士人阶层出入风月场所里，不仅仅是钱色交易那么简单。他们往往会在其中找到能与自己唱和作答、视为知音的女子，这又是一般妻妾所不能给予的精神食粮。

在这样一种身体和精神都可以得到满足的微妙环境中，青楼文化的繁荣成为必然。而柳永就是在那样的大背景下，有许多年，他也常常在那里与红颜知己相会。他的词中，有一类不容忽视，就是专为大宋歌女而写的悠悠词章。

算起来，柳永与蕙娘成婚也有半年了，因王禹偁的离世，他又消沉了一段时间。当昔日好友再邀他去歌楼舞馆时，带着放松心情的目的，他应邀前去了。

其实，柳永是个深情的男子，但那份深情并不会一生只为一人。在封建的婚姻制度里，男性占据着绝对的主动权，而女子往往是在等待被爱的位置。

当柳永流连于歌馆楼台的时候，蕙娘在家中凄凄盼望，这样的情况次数多了，等待中的蕙娘渐渐会不自觉地落泪。她慢慢感到，婚姻并不会将柳永束缚在家中。

看上去柔情似水的蕙娘，实则是个倔强执拗的女子。在她的内心，她渴望自己是丈夫唯一的爱，对此柳永却浑然不知。待他察觉到妻子不如新嫁娘时那般快乐的时候，他们出现了真正的感情裂痕。

一次争吵中，蕙娘道："你纳个妾侍回来我也愿意，去逛青楼，我就是没法高兴。"

对此柳永还觉得委屈，别人逛得，自己怎么就不行？何况自己还是京中享有盛名的词人才子，常常填一首词，就能引得坊间的人们和烟花之地的那些女子追捧好久。

起初的争执并没有让这对年轻夫妻有所共识，他们各有各的道理，蕙娘觉得深情被负，柳永觉得妻子不懂他。他们陷入了相爱之后的相怨，沉沦之后的迷茫。

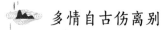 **多情自古伤离别**

面对和蕙娘的情感纠葛，柳永想外出游学一段时间，这个想法得到了柳宜夫妇的支持。中国历史上自春秋时候起，文人士子游历山川，增加见识学问，是一件很普遍的事。"读万卷书，行万里路"，其中的含义可谓深远。

蕙娘虽然有着千万分的不舍，但对于夫君游学的正事表示支持，她是那样知书达理。

收拾好行囊后，在深秋一个清寒的日子，柳永带着一个家童出发了。

蕙娘的倔强，柳永的孤傲，都让夫妻二人在即将分别的这段时日没有太多的感情交流。她宁愿躲在背后偷偷流泪，也绝不流露出自己的脆弱，而柳永也故作轻松，只是互相交代"保重"之类的客套话。二人内心惊觉，不知何时，他们竟有了生分的感觉。在这生分的背后，是彼此未诉完的情思，以及许多道不明的悲哀。

咸平六年（1003）的一天，柳永出发了。晌午的时候，柳宜夫妇和三复、三接以及家眷，备好家宴为柳永饯行。

用过饭后，众人将柳永送出府门，然后各自回去，只留蕙娘带着贴身丫鬟和车夫，去送柳永和家童。

伪装了多天的坚强，最终还是没有绷住。蕙娘对丈夫爱得深沉，她流着泪问丈夫可否不要远走。夫妻二人开始互诉衷情，可他们也知道，之前的怨怼，不会因为此刻的情感宣泄而消失无踪。

对于二人未来的感情，他们都有些纠结无措，只有交给时间。

那个下午，骤雨忽至，在城外的长亭，妻子再次为他喝下饯行酒。待雨停后，已是斜阳欲晚，船家也催促了几番，蕙娘告诉柳永莫要挂念家中，快快上船吧。

少年夫妻的离别最令人不忍，当船儿缓缓荡开水波，他们的手终将是要分开。船渐行渐远，蕙娘紧挨着岸边，眼睁睁看着丈夫远去。她挥手笑着送别，却怎么也止不住不断滚落的泪水。

船上的柳永突然有些后悔，他后悔就这样去远游了。那岸上的女子是他的结发之妻，她所有的执拗脾气，说到底是因为对自己深深的爱慕。

看着明明那样伤心无助还要尽力装作轻松的妻子，柳永的心感到一阵阵地痛。他想，他本该解开她近日的心结，等她重新展颜的时候再出远门，那样他会心安许多。

寒蝉凄切。对长亭晚，骤雨初歇。都门帐饮无绪，

留恋处，兰舟催发。执手相看泪眼，竟无语凝噎。念去去，
千里烟波，暮霭沉沉楚天阔。

多情自古伤离别。更那堪、冷落清秋节。今宵酒
醒何处，杨柳岸、晓风残月。此去经年，应是良辰好
景虚设。便纵有千种风情，更与何人说？

——《雨霖铃·寒蝉凄切》

当下，没有什么比写词更能安放这份伤感了。回到船中的
柳永挥笔而就，写下了名篇《雨霖铃·寒蝉凄切》。

词中的"楚天"可指湖南湖北，也可指江浙一带，"都门"
指从京城出发。整首词情景交错，将深秋的这场夫妻之别写得
字字入心，句句深情。一句"多情自古伤离别"，成为无数世
人的离别之语，一句"杨柳岸，晓风残月"，又将勾起世间多
少人的悲伤。

关于这首《雨霖铃·寒蝉凄切》，也有说法称是柳永在天
圣二年（1024）第四次科考落第后，在无尽的沉郁中去往江南
游历时所作。针对这个说法，在这里稍作分辩。

事实上，柳永并没有参加1024年的科举。因为其母在天禧
五年（1021）的六七月份去世，柳永守孝的时间到了天圣元年
（1023）的初冬，自然就错过了这一年的秋试，也就不可能参
加第二年的省试和殿试了。

柳永的一生，除了这一次远游，从汴京离开去往两湖或江浙，
是在近晚年做官后曾三次赴江浙任上，虽然中间还去湖南上任，

但当时是自益州出发，和这首词并不符。

在那三次赴任的季节里，有春、夏和冬，却唯独没有秋季。对照《雨霖铃·寒蝉凄切》中所描写的萧瑟凄旷的秋景，显然不符合。由此可以辨得，柳永是在青年时候的秋天告别妻子、去往江南时写下了这首宋金十大名曲之一。

骤雨初歇，黄昏暮霭，小舟在蕙娘的泪光中杳然而去。等这离别的愁绪渐散后，只有凄寒的轻风拂动着杨柳，一弯冷月寂寂，映照着远近的草树山影，也映照着一身苍凉的柳永。

带着几分惆怅，又有几分激动的心情，柳永和家童水陆兼程，一路南下。这是柳永在出远门的路上，第一次没有亲人陪伴。秋风愈来愈凉，他尽情呼吸着自由的空气，离家的忐忑，与妻子分别时的伤感，渐渐地不再那么强烈。

自那日在江边与妻子离别，柳永在这次游历的年月里，常常思量着和妻子的种种情感纠葛，这其中有爱，有恨，亦有怨。相爱的人总希望白头偕老，但走着走着，就生了裂痕，即使想从头来过，可又哪会那般容易。

两年多的远游，柳永将对蕙娘复杂的情愫写在词中。深情的挂念，懊恼的追悔，迷茫的纠结，甚至还有些许无奈的责怪，都由笔端和盘托出。这首《八六子·如花貌》便是将这些情绪糅合在一起，颇为直白真切的一首了。夫妻二人的情感历程在词中讲得非常清楚，读后只让人喟然叹息。

　　　　如花貌。当来便约，永结同心偕老。为妙年、俊格聪明，凌厉多方怜爱，何期养成心性近，元来都不相表。渐作分飞计料。

稍觉因情难供，恁殛恼。争克罢同欢笑。已是断弦尤续，覆水难收，常向人前诵谈，空遗时传音耗。漫悔懊。此事何时坏了。

——《八六子·如花貌》

我们相爱在初遇的那天，你绝美的容颜，只在瞬间让我沦陷。从此，将你捧在心尖，以为彼此依偎着，就这样到了永远。

可谁知，你并非那大气的女子。我渐渐不再快乐，或许分离，是我们最好的结果。

即便我远去千里，依然无法忘记我们曾经的美好，琴弦若续，只怕也覆水难收。你常诉他人，又常寄书信，此中真意，丝丝涓涓都流向了我的心底，我该如何？该如何？

一首《八六子·如花貌》仿佛让人又看到了那座婚姻的围城。相爱时的甜蜜，相怨时的折磨，从缱绻情深到相恨相怨，每一处，每一步，都足以让人对重拾爱恋望而却步。

爱情，是世间最浪漫美好的事，同时也是最伤人心神之物。在和蕙娘的婚姻中，柳永初尝到了它的美好和残酷。

即便在古代一夫多妻的婚姻制度里，一个深爱自己丈夫的女子，渴望"一生一世一双人"的幸福，也是很正常的精神需求。而蕙娘只是心性更执拗，更勇敢地追求着自己对爱的需求罢了。她希望丈夫远离烟花柳巷，接受他纳妾，已是她最大的让步。

　　深情的柳永并非不值得托付之人，他只是众多出身朱门大户的男子之一，性格和环境造就了他的风流多情。他需要妻子知书达理，接受那个社会中男子可以多情的现实。然而，蕙娘不是别人，她只是她自己，当她表现出对唯一的奢求时，两败俱伤成了必然的结局。

　　我们不能以现代人的观念去衡量柳永，只能为此唏嘘感慨。但我们可以看到，在这场爱情的尘烟和婚姻的博弈中，柳永和蕙娘都付出了最真诚的东西。爱也好，恨也好，牵挂也好，责备也好，他们用真实的自己，表达着对爱的探求，对情的追索。

　　每每读到这首《八六子·如花貌》，就会想象若是蕙娘也读到了它，必然会有坠落谷底般的哀伤。远在江南的柳永，大概也不会将它寄给妻子，所以他才更为苦恼。明明彼此相爱，却要互相伤害，实在是人生最为伤感的主题之一。

烟柳繁花醉江南

相比北方凄清的秋天，江南的秋天多了几分柔绵，萧瑟的秋风和绵绵的细雨，时常令人徒生许多伤感。

当柳永抵达江南的时候，正是霜风暮雨。夕阳的霞光隐隐淡淡，等夜色降临，江上的渔火都亮了起来。薄雾笼罩着江面，渔舟唱晚，声声入耳。

柳永先停驻在苏州，游赏一些时日后，便动身去往杭州。到杭州的时候，已是初冬时节，留至年底，又往会稽（今绍兴）而去。

一路赏景交友，写出许多首令人称赞的好词来。江南的娇媚，凛冬的清寒，汴京的回忆，悲伤的闺怨，柳永想到哪里，就写哪里。词卷上新作不断，才子的盛名越发在外。不管到了哪里，总有许多当地的文人名士与之结交。

这天，柳永应两三友人之邀，乘舟去越溪赏景，可惜当时天气阴沉，暗云压空，一路上还碰到了怒涛疾风。后来风声渐消，夕阳透过暗云，洒落在每一处。轻烟笼罩着村落，渔人敲响了船舷，结束了一天的工作。三三两两的浣纱姑娘，银铃般的笑语声从江边飞过，直传至人们的耳畔。

柳永由景所感，随即写下一首宋词中的名篇绝唱：

冻云黯淡天气，扁舟一叶，乘兴离江渚。渡万壑千岩，越溪深处。怒涛渐息，樵风乍起，更闻商旅相呼，片帆高举。泛画鹢、翩翩过南浦。

望中酒旆闪闪，一簇烟村，数行霜树。残日下、渔人鸣榔归去。败荷零落，衰杨掩映，岸边两两三三，浣纱游女。避行客、含羞笑相语。

到此因念，绣阁轻抛，浪萍难驻。叹后约、丁宁竟何据。惨离怀、空恨岁晚归期阻。凝泪眼、杳杳神京路。断鸿声远长天暮。

——《夜半乐·冻云黯淡天气》

整首词从瑟瑟的秋景到唯美的黄昏，从充满烟火气的市井风情到清旷苍茫的江天暮色，如一幅浑然天成的画卷展开在读者眼前。大开大合中，尽显柳永羁旅词的独特魅力。

从五代到两宋，词人多写小令，而柳永作为第一个写了大量长调慢词的词人，使长调从此与小令平分秋色。在宋词880多个词调中，柳永首次使用的就有一百多个。曾经寥寥无几的长调，自柳永起，他一人就创作了慢词87首、调125首。后来的秦观、周邦彦、黄庭坚，无不是受柳词艺术的影响，这种影响尤其表现在慢词方面。

这首《夜半乐·冻云黯淡天气》，就是柳永慢词中的代表作之一。浑然天成的人间风月，别具一格的风土人情，轻舟过溪的愉悦，以及萧萧暮色引起的哀伤，景致的铺陈和情感的寄托，错落有致如一幅丹青画卷，直击读词人的心底。

在乘舟过越溪的时候，柳永的心情本来十分愉悦。等经风过浪后，残阳下平静的江面，归家的渔父和浣纱女子，暮色下离群孤雁的声声啼鸣，令柳永的心情渐渐由喜转哀。此时，他感到作为异客的孤独，心中升起对家的思念，临别时妻子的泪眼浮现在眼前。悔意和无奈再次袭上心头，当爱与怨交织，未来该何去何从。

会稽一游后，柳永又返回了杭州。无论来去何地，交友唱和，歌舞饮宴，诗酒流连是必不可少的。自然而然地，柳永也就结识了当地的风月女子，她们盈盈一笑，就抚去了他诸多的哀伤。

这次在杭州，柳永结识了当地的一位青楼女子，名曰"楚楚"，她是杭州一带艳冠群芳的歌女，常被当地官绅贵胄邀请去府上的宴会献唱。

当时的两浙转运使孙何，为官以来受真宗倚重，并以文学、经史驰名，与当时著名的学者丁谓合称"孙丁"，柳永想要与他结交。

孙何任所就在杭州，可是柳永登府拜访几次都被拒绝了。不是孙何不想见他，而是因为孙何才名在外，常有拜访之人，而他平时又喜清净，所以也不问姓甚名谁，一概都拒绝了。

楚楚知道柳永的想法后，让柳永给孙何写一首词作为引荐。柳永为此沉思片刻，写了下面这首词。

> 东南形胜，三吴都会，钱塘自古繁华。烟柳画桥，风帘翠幕，参差十万人家。云树绕堤沙。怒涛卷霜雪，天堑无涯。市列珠玑，户盈罗绮竞豪奢。
>
> 重湖叠巘清嘉。有三秋桂子，十里荷花。羌管弄晴，菱歌泛夜，嬉嬉钓叟莲娃。千骑拥高牙。乘醉听箫鼓、吟赏烟霞。异日图将好景，归去凤池夸。
>
> ——《望海潮·东南形胜》

没多久，楚楚被请去孙府的酒宴献唱，一首《望海潮·东南形胜》飘荡在筵席的每一个角落。果然，这首词引得满堂宾客的喝彩，也自然引起了孙何的注意。

这首词的主题是描写杭州的美丽繁华，无论是山水树花、烟柳画桥，还是城市的繁荣殷富，都将杭州的湖光山色和街市商肆描绘得极为美妙生动。

古诗词中，写意清冷的好诗词有许多，但若是落笔在盛世繁荣处，就很容易落入俗套。可这首词偏偏没有一丝俗鄙之气，天堂般的旖旎风光随着字字句句，醉了听曲的每一个人。

众人纷纷问这般妙词是何人所作，楚楚笑答："正是那游历到本地的柳七公子啊。"

其实柳永和孙何还有很深的渊源，孙何与王禹偁乃是至交。

柳永除了仰慕孙何的才学之外，也是因为王禹偁的这层关系，想要诚心拜访这位长辈。

这位楚楚姑娘也是真心想帮柳永。她趁热打铁道："柳公子写这首词的那天，还曾说来咱们本地最大的遗憾，便是几番来拜访大人，只可惜府门都未能进呢。"

孙何一听，惭愧万分，向楚楚询问了柳永的住处后，当即派人前去邀请。二人见面后，分外亲切，把酒言欢。孙何很欣赏柳永这个晚辈，对其在词文上的造诣更是推崇备至。

可惜的是，孙何在景德元年回京任职后，于当年就因病去世了。这让柳永难过了许久，还好他此前想出了以词会面的办法，否则该是多大的遗憾。

一首看似无意、实则有心的《望海潮·东南形胜》，短短几天就风靡了整个杭州城，进而迅速传遍大江南北。当浑然天成的江南风光和喧嚣繁盛的红尘市井在绝美的笔意下展示在人们眼前，一时之间，当地没有人不为之骄傲，而他乡的人们，则无不为之神往。

跨越了千年，如果说将杭州城的美写到极致的诗词，依旧是这首《望海潮·东南形胜》。或许当年的天才词人自己也不会想到，为拜访长辈而写的一首词，竟会有如此高的成就。词满天下的同时，"柳三变"的盛名传遍了大宋的山南水北，如此，便是名副其实的名动天下。

盛名之下，杭州许多的文人才子，都愿意与柳永结交。莺歌燕舞，诗酒不断，一转眼，柳永就在杭州过完了1004年的新岁。

在杭州的日子里，与蕙娘的婚姻带来的伤感，渐渐不再浓烈。但这并不代表柳永不想念蕙娘，当没有了针锋相对，他开始渐渐想起妻子的好。

新岁之后，气温渐暖，春风捎来了山水间的处处生机。这天，柳永收到了蕙娘的来信，按时间推算，应是年禧那几日寄出的。

信中的字字句句，都是妻子对远乡丈夫的思念。夜凉如水，柳永忽然想起，在家的时候，自己手边经常有妻子准备好的一盏热茶或精心熬制的一碗热汤。如今在外时的洒脱，终是少了那份温暖。

> 自春来、惨绿愁红，芳心是事可可。日上花梢，莺穿柳带，犹压香衾卧。暖酥消，腻云亸。终日厌厌倦梳裹。无那。恨薄情一去，音书无个。
>
> 早知恁么。悔当初、不把雕鞍锁。向鸡窗、只与蛮笺象管，拘束教吟课。镇相随，莫抛躲。针线闲拈伴伊坐。和我。免使年少，光阴虚过。
>
> ——《定风波·自春来》

夜深人静的时候，陷入了思念的柳永，读懂了妻子的相思。明媚的春光无法提起她半点的兴致，花红柳绿在她眼中也如寒冬的满目萧瑟，直怨夫君薄情，去了远方不说，连书信都无一封。早知如此，就不该让他出这趟远门。在家中窗下，我引着针线，他做着诗词学问，该多么美好啊。

不知蕙娘的信中是如何书写相思的，是殷殷的嘱咐期盼，还是爱怨缠绕的孤寂咏叹……大约总是有些闺怨之语的。

柳永深知妻子的脾性，所以许多闺怨词，都是在这次南下初游中所写，这其中多少带有蕙娘的情感寄托。对爱情炽热而坚贞的蕙娘，即便远在千里之外，也会用书信的方式告诉丈夫，自己对他的爱是如此热烈。

夫妻间的嫌隙伤害，并没有浇灭蕙娘对爱情的追求，这样的女子，值得被夫君疼爱珍惜。对此，柳永岂会不知？

此时的他，可以冷静地思考自己和妻子的爱与恨，合与分。在翻来覆去的思量中，他既欣赏感慨，又有些顾虑害怕，他害怕归家之后，又和妻子陷入日常的争执中。那便在这锦绣如织的苏杭，再多待些时日吧。

吟赏烟霞，词满天下

　　杭州的春天繁花似锦，西湖在明媚的春光中潋滟招摇，垂柳轻扬，不经意间就将春天的暖意传递进人心。柳永在满城娇艳的春景中告别了杭州，带着随从去往鄂州（今湖北武昌）。

　　现下草长莺飞的季节，已非离家时的那般萧瑟景象，于是也就不着急赶路。一路上停停走走，到鄂州时已是秋天。

　　到了鄂州，已小有名气的柳永受到当地一干文人的邀请。此次出行他增长了见识，与人遍历山河、饮酒咏词，有了更多的收获。

　　柳永的南游之行很顺利，除了思念汴京的家人和亲友时会有些许伤感之外，并没有其他不开心的事发生。

　　不过，随着天气转凉，飒飒的秋风令人的心情多了几分惆怅。这天黄昏，柳永登上江边的高楼，看到残阳如血，花落叶枯，想起已经很久没有收到蕙娘的家书，他的心中不由多了几分担忧。不知妻子近来为何不再写家书，是因为自己的远游而淡化了情意，还是有其他原因？

> 对潇潇暮雨洒江天，一番洗清秋。渐霜风凄紧，关河冷落，残照当楼。是处红衰翠减，苒苒物华休。惟有长江水，无语东流。
>
> 不忍登高临远，望故乡渺邈，归思难收。叹年来踪迹，何事苦淹留。想佳人、妆楼颙望，误几回、天际识归舟。争知我、倚栏杆处，正恁凝愁！
>
> ——《八声甘州·对潇潇暮雨洒江天》

这首词，将秋天的萧瑟旷远和内心的思乡怀人真切地融合在一起，成为柳词的压卷之作。

离家远游的柳永，经过一年的潇洒玩乐后，秋景和怀乡带去的伤感此时袭上心头。本不忍登高，却已身处高楼，极目远眺，滔滔的长江水向东奔流而去，丝丝细雨轻飘飘洒下来。落日的点点余晖照在身上，并没有多少暖意，远眺着汴京的方向，不经意间就过了一个四季轮回。

这首在柳词中有很高地位的《八声甘州·对潇潇暮雨洒江天》，也有称是柳永在入仕前漫游渭南而写，其实在词中就有答案。

柳永在词中明确地提到了"江天"和"长江水"，从词意中可以感受，此处并不是泛指，而是真正的长江，自然就是南方了。

再说到年代，词中有"叹年来踪迹，何事苦淹留"，意指不知因何事停留在异乡，有迷茫不知为何之感。这是流离在外，思乡的情思迸发时所发出的感慨，并不符合入仕后携家眷在南方任职时的心情。而入仕前的柳永也曾去过南方，不过，那是回乡安葬父母后回汴京路过南方而已，也就谈不上淹留和思乡了。

想起在家守候的蕙娘，还有京中的红粉佳人，愁思布满了角落。关河的萧索，秋景的凄凉，在柳永的笔下显出一派苍茫辽阔。真挚的愁绪水到渠成地悠远绵长，跳出了小儿女的世俗情爱，俨然一种扑面而至的波澜壮阔之势。好一句"霜风凄紧，关河冷落，残照当楼"，就连苏轼也给出了"此句于诗句，不减唐人高处"的赞美之词。

受念家的心情影响，不久，柳永就离开了鄂州去向下一站——湖南。

南国的秋天虽比北方柔婉了许多，但毕竟秋意越来越浓。寒凉如约而至，眼看冬天的步伐愈来愈近，敏感多情的柳永又多了几分忧伤。

回想这一路，每到一处，都会结识一些才学之士，也会在那勾栏瓦舍里结识许多歌伎舞伎。

这其中总有志趣相投之人，也总有恋恋不舍的娇美佳人。彼此欣赏也好，有所爱慕也好，终究是露水情缘。而那些诗酒相交的文友，或许分别以后，也再难有交集。很多时候，人与人的缘分，热烈的告白也难抵人走茶凉的规律。

伴着烟霞云月，柳永到达了湖南。看过外面世界的精彩，走过了许多地方，对家的思念越发深重起来。

又是一个傍晚，云收雨断，烟雾茫茫，柳永望着一江秋水久久出神。自己离家已经越来越远，当初在家时，和妻子常常争执，以至于在离家的时候，如此决然想要呼吸外面自由的空气。

一年过去，柳永的心境不知不觉中发生了很大的变化。这首日暮望江时写下的词，可谓表达得淋漓尽致。

> 望处雨收云断，凭阑悄悄，目送秋光。晚景萧疏，堪动宋玉悲凉。水风轻、蘋花渐老，月露冷、梧叶飘黄。遣情伤。故人何在，烟水茫茫。
>
> 难忘。文期酒会，几孤风月，屡变星霜。海阔山遥，未知何处是潇湘。念双燕、难凭远信，指暮天、空识归航。黯相望。断鸿声里，立尽斜阳。
>
> ——《玉蝴蝶·望处雨收云断》

身处潇湘之地，一场秋雨过后，天气又要凉上几分，蘋花凋落，更深露重。都说一叶惊秋，如今梧桐黄叶已是漫山漫水，提醒着人们岁月流转的无情。

每当柳永抒怀羁旅行役的感慨，他的词就会有一种别样的气质。那种清旷苍凉中的黯然销魂，那种深远厚重牵扯出的儿女情长，跨越尘埃，直抵人心，令人不由得长长叹息。

原本天真地以为，只要潇洒地转身离去，去见识一番远处的山水，去结交一些远方的朋友，就可以将不快和负累甩在阴影里。可过了春秋四季，当自己离家越来越远，当妻子的消息越来越少，预期中的轻松并没有到来，只有与日俱增的思念。

如果不是离开，柳永并不知晓，原来自己对妻子早已用情至深。泛舟湘江，他感慨良多。他思量着，潭州（今湖南长沙）一游后，就踏上返程归乡的路。这样打算着，就到了冬季。

楼锁轻烟，水横斜照，遥山半隐愁碧。片帆岸远，行客路杳，簇一天寒色。楚梅映雪数枝艳，报青春消息。年华梦促，音信断、声远飞鸿南北。

算伊别来无绪，翠消红减，双带长抛掷。但泪眼沉迷，看朱成碧。惹闲愁堆积。雨意云情，酒心花态，孤负高阳客。梦难极。和梦也、多时间隔。

——《倾杯乐·楼锁轻烟》

当一个人思念所爱却失去了对方的消息，又偏偏山遥路远之时，那是相思最折磨人的时候。任是多么洒脱的人，也无法轻松度过煎熬。在去长沙路上的柳永，此时正饱受这样的煎熬。

柳永如此忧心，还有一个客观原因，就是蕙娘在他离开不久，早已按他南下路线捎去书信。对此，他还曾写词以作纪念。然而没有多久，即便他到了一个地方后，捎信告知自己会在此地长久停留，却也未再见蕙娘的只言片语。这令他日夜焦灼，常常无所适从。

他将此间心情抒写在了这首《倾杯乐·楼锁轻烟》中。写这首词的时候，已是冬末春初。远山静伫在漫野的清寒中，寒梅绽放，鸿雁高飞。柳永直呼"音信断、声远飞鸿南北"，想要宣泄越发强烈的相思和不安。

在长沙，因为文友们热情的挽留，加之寒冬的到来的确难熬，于是柳永在那里过了个热闹的新岁。只有他自己知道，此时的心情与初离家的那几个月，已是天壤之别。好在此地友人颇多，常常相约柳永同游或饮宴一番，时间也就不再那样慢。眨眼工夫，就到了草长莺飞的春天。

这时候，远方的家中发生了一件喜事。此前柳永的叔叔柳察，四年前本已"叫阍上书"成功，可遗憾的是一直没有等到补缺的机会。这一年春节过后，柳察果断地重新"叫阍上书"，过程同前次一样顺利，不同的是，当即就被授官职，到楚地上任去了。

柳宜和柳察总共三次"叫阍上书"都这样顺利，是否说明宋代"叫阍上书"很容易呢？当然不是，否则的话未及第的文人士子们都走这条路了。只不过柳家本就是书香世家，一门中男子人人学识深厚，所以柳宜两兄弟"叫阍上书"成功，是很正常的事。

　　而远在楚地的柳永不知道，他离家的日子，已经发生了许多事。比如叔叔柳察已经入仕，再比如他的妻子蕙娘已久卧病榻，心心念念盼望着他早日归家。

故人已去，断肠声尽

柳永结束远游，离开楚地踏上归家的行程，是在潭州过完新岁，春意正盛之时。

真正起程了，柳永却突然莫名地紧张。他害怕和妻子继续此前的纠纷，只在心里祈祷，若是回去后，妻子从此少些执拗和倔强，他们还会回到举案齐眉的美好时光。

这样想着，柳永有意放慢了行进的速度。一路上碧波荡漾，繁花簇锦，虽然柳永已南游了这么长时间，依然觉得南北之间的风物变化，是怎样都看不够的。

离家越近，心情越发忐忑，仿佛离那未了的爱恨怨愁又近了一些。

这时候的柳永刚至弱冠之年，还没有多少人生阅历，有的只是儒家思想对他的影响，还有与妻子的一场爱怨。所以当真正踏上归程的时候，他的心情矛盾起来，他不愿意伤害任何人，何况是自己的爱妻。

走着走着，春去夏来，夏收秋至。走走停停的柳永，余晖将身后的影子拉得很长。不知怎的，他觉得最近好像有什么拉扯着内心，可又说不清道不明。

一天夜晚，他和随从小木借宿在一处驿站。他们到的时候，下了一天的雨刚停。薄雾在山野间迷蒙，月亮悄悄爬上了树梢，落脚的驿站位于荒郊野外之地，条件很是简陋。

柳永正准备歇息，就听到屋外清晰的羌笛声，在这荒郊僻野里突然响起，使得荒凉更荒凉，孤独也更孤独。

> 鹜落霜洲，雁横烟渚，分明画出秋色。暮雨乍歇。小楫夜泊，宿苇村山驿。何人月下临风处，起一声羌笛。离愁万绪，闻岸草、切切蛩吟如织。
>
> 为忆。芳容别后，水遥山远，何计凭鳞翼。想绣阁深沉，争知憔悴损，天涯行客。楚峡云归，高阳人散，寂寞狂踪迹。望京国。空目断、远峰凝碧。
>
> ——《倾杯乐·鹜落霜洲》

一首有声有色的《倾杯乐·鹜落霜洲》，是柳永在那个夜晚的所见所感。这不是游子不知几时能归乡的思乡曲，而是归家的路上，对漂泊江湖的感慨，对家的牵挂，对爱人的想念。这每一样情感都是至真至深，以至于触目所及，仿佛都有此中况味。

虽然知道离家已经不远了，但他依然往汴京的方向望去，穿过月光的羌笛声，使他的心突然静了下来。

爱也好，恨也好，不过是一对恩爱年少夫妻之间的情感纠葛，并不是什么天大的坏事。曾经，自己用逃避的方式面对，除了留下胆怯，并没有实质性的改变。

此后，柳永一改游山玩水的心态，加快了赶路的速度。当长久的心事得到了解答，对待同一件事物的态度就会发生巨大的改变。他只恨自己不能立刻飞回京城，告诉蕙娘自己对她的爱和思念。即便往后依然不免争执，但他相信，他们会渐渐学会相互体谅，然后常常携手去看夕阳。

回到汴京的时候已是冬天。柳永敲响了家门，家仆看到是他，欣喜之余还有别的神色，仿佛是在希望他去解决什么事似的。问话之间，才知道蕙娘重病在床已经许久。柳永追问了家仆两句大概情况，心知不妙，便往自己院中奔去。

一路狂奔的柳永到蕙娘的床前时，他简直不敢相信，那还是曾经明媚娇艳的妻子吗？她脸色苍白地躺在床榻上，小脸消瘦了许多，给人一种被风轻轻一吹就要倒的感觉。

听说柳永回来了，柳宣夫妇也赶了过来，没有因儿子远游而归该有的喜悦，只有无奈的叹息和深深的悲伤。

柳永在床边急切地叫了好几声蕙娘，刘氏走过去，轻拍几下他的背道："京中的大夫都请遍了，都说没救了。"

听到"没救了"三个字，柳永怔住了。他生平第一次感到悲伤，只好反复抚着妻子的手喃喃道："不会的，不会的……"

柳宣叹了口气道："大夫每天都会来，病情你自己去问便好。只怪蕙娘福薄，如此年轻就要去了，你……想开一些吧。"

　　如断了线的泪水滴落在蕙娘的手上，打湿了她身上的绣被，众人多有不忍，只是摇头叹息。柳宜示意家中的侍婢都出去，朝刘氏使眼色，也起身出了院子。

　　蕙娘醒来的时候，已是柳永到家几个时辰之后。看到日思夜想的爱人就在眼前，因病痛而黯然多日的眼神也有了神采。看上去她并不惊讶于柳永的归来，只盈盈笑道："妾身做了个好长的梦，都是和夫君的过去，没想到夫君真的回来了。"

　　柳永强颜欢笑道："有你在家，我怎能不回来，往后咱们还有许多好日子呢。"

　　听到此话，蕙娘眼中刚刚燃起的神采，又黯淡了下去。柳永看在眼里，眼神无比地温柔而哀伤，他第一次尝到了心如刀割的滋味。

　　屋中半晌无话，有侍婢进来添茶，然后悄悄退出，家中的人都很有默契地不去打扰他们。可怜少年夫妻就要阴阳相隔，便多留些时间让他们彼此相守吧。

　　等侍婢出了房门，房中响起了蕙娘虚弱的声音："夫君，我走以后，你切莫伤心，还有，对不起……"

　　柳永正要安慰，蕙娘仿佛知道他要说什么似的摇摇头道："本以为你我夫妻，可以长长久久，一生一世，谁知妾身身体如此不争气，当下就要先去了。"

　　每说一句话都要消耗一定体力的蕙娘，稍停顿一下继续道："对不起，我不想和你吵架，不想和你争执的……对不起……"说话间泪水再也忍不住。因为巨大的痛苦，蕙娘将头偏侧过去，无法再继续说出话。

柳永怎会不知，一切缘起，皆为一个"情"字。听到爱妻的抱歉，内疚再次包围了他。他握起她的手，不停地回应道："对不起，对不起……"此时他们的世界只有彼此，两个相爱的人用泪水交织着作别。

大夫每天都会去柳府为蕙娘诊病，柳永到家的第二天，他特意去问大夫蕙娘的病情，大夫也只是叹息摇头道："恐怕夫人就是这几日的事了。"

当柳永问起蕙娘具体的病因，大夫又是一声叹息："夫人应是困于心结，加之茶饭不思，久而久之，导致脾肺受损。心结又得不到缓解，不好好吃饭又伤了肠胃，就这样病倒了。人哪，纵是喝再多的汤药，没有舒畅的心情和食补的力量，汤药无法吸收，病情也就越来越重了。"

听了这番话，柳永再次受到了沉重的打击："蕙娘定是在自己离家之后，日夜相思才会如此的。不，若不是自己有心放弃，又远走他乡，让她在无尽的彷徨纠结中等待，也不会患下如此重病。"只是，一切已经回天乏术，又能如何呢？

如大夫所说，蕙娘在当天的傍晚便离开了人世。临终之际，她已无话可说，只是握住丈夫的手，微微含笑而逝。

她大概已苦撑多日，只为了见丈夫最后一面吧。眼看着生命就要消逝，她已没有怨怼，没有迷茫，有的只是深深的不舍和依恋。本以为两两情深，奈何转眼间已是天人永隔，注定缘浅。

柳家对蕙娘的丧事丝毫没有含糊，一切事宜皆未从简。柳家夫妇及其他亲眷，乃至府中下人，一片哀痛，可见蕙娘一向贤惠良善，令生者无尽地惋惜伤感。

料理蕙娘丧事的日子里，柳永沉浸在无限的悲伤里。柳宜看到儿子的状况，便将具体事宜都交给了刘氏操办，只希望他能早日振作才好。

蕙娘的丧事过后，柳永依然沉浸在哀思里，每天茶饭不思的。他也曾试图做些别的事，抚琴作画，写词烹茶……可不管做什么，总能想起蕙娘在的时候的情景。最后，他只有放弃眼前做的事，换上一壶酒，形影相吊，自斟自饮，然后沉沉睡去。

> 花谢水流倏忽，嗟年少光阴。有天然、蕙质兰心。美韶容、何啻值千金。便因甚、翠弱红衰，缠绵香体，都不胜任。算神仙、五色灵丹无验，中路委瓶簪。
>
> 人悄悄，夜沉沉。闭香闺、永弃鸳衾。想娇魂媚魄非远，纵洪都方士也难寻。最苦是、好景良天，尊前歌笑，空想遗音。望断处，杳杳巫峰十二，千古暮云深。
>
> ——《离别难·花谢水流倏忽》

也不知是哪一次喝醉后，柳永写下了这首词。这是对妻子的悼念和对逝去的爱的悼念。绵绵的情思，无尽的悔恨，写尽了一个伤心男子对爱妻的情意。

笔者认为这首《离别难·花谢水流倏忽》并不是悼亡词，

而是柳永在中晚年时的羁旅之作。其实在词中"中路委瓶簪"一句，是用典明确指出了半路仙逝的意味，而"花谢水流倏忽，嗟年少光阴"是指自己年少时的爱人逝去。再看整首词上片写美丽无双的妻子最终病体不支，医药无济而离开了人世；下片写自己的回忆哀思，缠绵哀婉，感人至深。凭此来判断，这无疑是柳永写给初婚妻子的悼亡词了。

　　良辰美景，才子佳人爱恨交织的爱情，定格在了柳永的 22 岁。蕙娘，终究成了他在彷徨中爱而不得的女子，当确信深爱的时候，她却决然地离开了。

第三章

科场失意几多情

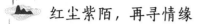 **红尘紫陌，再寻情缘**

妻子的离开令柳永消沉了好久，柳宣夫妇对此很是担心，他们常劝柳永多出去走走，和京中好友多多来往。在沉浸于悲伤一段时间后，柳永倒也听从了劝说，开始出门散心和正常饮食读书。佳人已去，活着的人还要继续生活。

京中好友知道柳永刚经历了丧妻之痛，也多有安慰。等过了蕙娘去世的一周年，已是景德三年（1006），柳永也如从前一样，常常去青楼饮宴玩乐。不过从此，他有了一个特殊的习惯，那就是在那些长袖曼舞的女子中，找寻和蕙娘相像的女子。

年底的时候，柳宣夫妻为柳永张罗起了娶妻的事，对此柳永也并不反对。古时男主外女主内已经约定俗成，柳永即将开启科举的征程，他需要一个贤良的妻子为他操持家务，让他无后顾之忧。

柳永的续弦妻子芳名是玉袖，同样是京中的官宦人家出身，容貌端丽，知书达理。相比蕙娘，她多了些大度，少了些倔强。对于夫君，她更多的是以当时高门朱户的夫妻之道相处，没有太深的执念，也就不会被轻易伤害。

柳永对玉袖也是爱护有加，二人也会共倚窗下，闲看落花。在和娇妻相处的过程中，他常常会想起那个热烈去爱的女子。她的热烈，曾经让他烦恼逃离，如今，他是如此想念。

玉袖并不会过多干涉柳永的社交生活，如果丈夫不说，她也从不会问。对此柳永常感到有些不适应，他会暗自思量，玉袖和蕙娘的差别如此大。或许，是她懂他，或许，她并没有那么爱他。想到这里，柳永竟感到有些心酸。

妻子的宽厚，使柳永在外的时候几乎不会有什么顾虑。所以从这时起，当他浪迹在风月里，起兴时总会为那些风尘中的女子们写下一首词，其中不乏带有具体女子名讳的词作。

　　心娘自小能歌舞。举意动容皆济楚。解教天上念奴羞，不怕掌中飞燕妒。

　　玲珑绣扇花藏语。宛转香茵云衬步。王孙若拟赠千金，只在画楼东畔住。

　　　　　　　　　　——《木兰花·心娘自小能歌舞》

　　佳娘捧板花钿簇。唱出新声群艳伏。金鹅扇掩调累累，文杏梁高尘簌簌。

　　鸾吟凤啸清相续。管裂弦焦争可逐。何当夜召入连昌，飞上九天歌一曲。

　　　　　　　　　　——《木兰花·佳娘捧板花钿簇》

酥娘一搦腰肢袅。回雪萦尘皆尽妙。几多狎客看
无厌，一辈舞童功不到。

星眸顾指精神峭。罗袖迎风身段小。而今长大懒
婆娑，只要千金酬一笑。

————《木兰花·酥娘一搦腰肢袅》

这三首《木兰花》是柳永为几位歌伎所写的其中几首词作，从成词的表意来看，有一气呵成之感。想来是柳永在青楼中兴之所至，为几位歌舞艺绝佳的女子所作。

从词中可以看出，柳永是真心赞美她们的，当艺术的绝妙和情感的真挚高度融合的时候，人心也会被触动的。那些女子虽在欢场中来来去去，却也从柳七郎的词中体会到了被真心欣赏的感觉。她们为之欢喜，为之感激。

若是哪一首带女子名讳的词传遍了京城，那此女子必会声名鹊起，接下来便是豪门贵客竞相追逐，身价倍增。身在其中的每一个女子，无人不想得到柳七郎为她专属打造的词。

但这不代表市井间就会出现女子名讳泛滥的柳词，在柳词中，提到的名妓也只有心娘、佳娘、酥娘、秀香、英英几人，当然还有柳永最爱的虫娘。对于其他女子来说，即便词中没有自己的芳名，只要得到一首柳永现写的新词，也会无比愉悦。只要将词用她们美妙的歌喉唱出来，自然会赢得满堂喝彩，众人青睐。

青楼女子们得到一首柳词后，会欢欣好一阵子，她们也懂

感恩，索性就拿银两或银票去感激柳永。柳永的父亲虽在京中为官，但一大家人需要各种开销，他得了不菲的润笔费，可以补贴家用，也可用作自己花销，也是一桩美事。

景德四年（1007），柳宜致仕了。接下来柳家作为大宋士子一族，希望就落在了柳永三兄弟的身上，科举入仕，是他们必须要走的路。

下次科考时，柳永就要进入科场，想到这里，他有几分紧张，又有几分激动。他想象自己进士及第的时候一定无限风光，从此可以恣意地将才华挥洒在庙堂，一步步实现兼济天下的宏愿。

剩下的日子里，柳永将大多时间用在了读书上。不过，他的风流潇洒并非考试的压力所能牵绊，于是红牙檀板，清歌绕梁，诗酒往来，依旧是他常寻的欢愉。

千娇百媚的青楼女子中，柳永视为朋友者有之，视为知己者有之，以男女情缘相处者有之。

大概整个宋朝的词人，也没有谁能如柳永般将自己在欢场中的风月事以行云流水之势成词的了。这不，这首《凤栖梧·蜀锦地衣丝步障》就是其中有名的一首：

蜀锦地衣丝步障。屈曲回廊，静夜闲寻访。玉砌雕阑新月上。朱扉半掩人相望。

旋暖熏炉温斗帐。玉树琼枝，迤逦相偎傍。酒力渐浓春思荡。鸳鸯绣被翻红浪。

——《凤栖梧·蜀锦地衣丝步障》

静夜寻访佳人，相依相偎饮酒，直到酒力渐浓，春思荡漾，便将所有的浓情蜜意都化在了锦绣红帐中。一句"鸳鸯绣被翻红浪"让多少文人嗤之以鼻，让多少市井百姓反复玩味，又让多少世间红颜羞红了脸庞。

这只是柳永艳词中的一首，还有许多相似之词，低到了市井尘埃、俗到了难望一眼大雅之堂。可有人不屑，也有人喜欢，"凡有井水处，皆能歌柳词"，就是最好的印证。

羁旅天涯时不减唐人高处的清旷雅致，写意闺怨时融入生活中的点点滴滴，男女艳情里的放浪形骸……不同的场景和风格里，柳永都写出了他人难以比拟的高度。他不是不会含蓄，只是从不刻意含蓄，才做到了洒脱而不失为词家正宗。在他的词中，有他最真挚的喜怒哀乐和最真实而又矛盾的性格。

百年之后，"千古第一才女"李清照就引用了那句有无数争议的"鸳鸯被里翻红浪"。当年，赵明诚须离家赴任，留李清照独居青州。在离开前的一个清晨，她写下了慵懒中带有离愁绵绵的这首名篇，开端便是"香冷金猊，被翻红浪，起来慵自梳头"。

当然这句"被翻红浪"可以解释为锦被随意地堆在床上，在晨光的照耀下，就如翻动的红浪。但如果从情语入手翻译，也是无可厚非的。在分别的前一晚，情爱都化在缠绵里，当天色向晓，离别也终究到了眼前。

人们历来对李清照的这句"被翻红浪"多为赞誉，相比对柳永，俨然是一番不同的态度。其实这也不奇怪，李清照的这句是讲夫妻之情爱，而柳永的则是与风尘女子的露水欢爱，自然就得到了不同的待遇。

对于传统观念来说，人们所表现出的差别反应是正常的。但需要承认的是，在青楼文化长久繁荣的古代社会，男子去欢场寻欢，和青楼女子发生实质性的肌肤之亲，也是稀松平常之事。只不过这始终是摆不上台面的情爱，世人给予不同的眼光，是这首《凤栖梧·蜀锦地衣丝步障》必须接受的命运。

世间只有一个柳永，他偏偏将他人不屑的事和情，毫无遮拦地写到词中。管他秋风霜雨，任他闲话东西，写下感动凡尘男女之《雨霖铃·寒蝉凄切》的是他，写下令无数世人叫好向往之《望海潮·东南形胜》的是他，写下这引来无数争议不屑之《凤栖梧·蜀锦地衣丝步障》的，还是他。

有如约欢好的时候，也有爽约令佳人恼恨的时候。一首《锦堂春·坠髻慵梳》，就生动地描写出了某次失约后，一个气恼失望的女子形象。

坠髻慵梳，愁蛾懒画，心绪是事阑珊。觉新来憔悴，金缕衣宽。认得这、疏狂意下，向人诮譬如闲。把芳容整顿，恁地轻孤，争忍心安。

依前过了旧约，甚当初赚我，偷剪云鬟。几时得归来，香阁深关。待伊要、尤云殢雨，缠绣衾、不与同欢。尽更深、款款问伊，今后更敢无端。

——《锦堂春·坠髻慵梳》

词中女子对男女情事完全颠覆传统闺阁女子的羞涩，而是一种奔放直接的态度，这也说明了女子出身风尘无疑。她没有等到情人的赴约，于是难过，失落，恼恨。但女子并没有凄哀怨怼，而是俏皮泼辣地思量等男子再来时，该如何惩罚这失约之人。

恐怕再也没有一个词人，能将市井气息写意得如此清晰透彻。青楼女子的爱恋，被爽约后的不甘，敢于抗争的手段，都在这首《锦堂春·坠髻慵梳》里表达得淋漓尽致。

以柳词的纪实性来看，词中未赴约的男子很可能就是柳永自己。女子道："你这风流之人，已在若无其事地和他人闲话笑语。"若非自己不承认这性情中的风流，也必不会写进词里了。

他了解自己，也从不会将对方的情感不屑一顾。在他眼里，风月场中的女子也有深情倾付，也有翘首以盼希望见到的那个人。

他从不会另眼相待这些女子，除了明艳的容颜，她们的无奈，她们的真心，她们的苦楚，都印在了他的心上。所以在入仕前，他大方地将她们的美丽和感情、欢喜和悲伤，都写在词里。韶华难负，所以他要心随所愿。

才子词人，自是白衣卿相

柳宜致仕的这一年，也是柳永第一次走进考场的时候。1007 年的秋闱，柳永和两位哥哥顺利通过了考试。三兄弟中只有柳永一人是初次参加科举，紧张之余，他对自己有深深的期待，一举高中是他向往的荣誉。

古代考试虽然科目较多，但总归要以文采表述，考中者必是文学才能绝高之辈。年少便才名在外的柳永，自然又多了几分自信，再论起家风和自小博览群书的资本，他更相信一举夺魁对自己来说并不遥远。

通过秋闱后，感受了考试氛围的柳永，对科举的把握又多了几分，同时也放松了些许。空闲时候，也会去经常玩乐的欢场走走。

尤红殢翠。近日来、陡把狂心牵系。罗绮丛中，笙歌筵上，有个人人可意。解严妆巧笑，取次言谈成娇媚。知几度、密约秦楼尽醉。仍携手，眷恋香衾绣被。

情渐美。算好把、夕雨朝云相继。便是仙禁春深，
御炉香袅，临轩亲试。对天颜咫尺，定然魁甲登高第。
待恁时、等著回来贺喜。好生地。剩与我儿利市。

——《长寿乐·尤红殢翠》

这首《长寿乐·尤红殢翠》就是柳永在秋闱之后，在接下来的省试和殿试之前所作。临考时，罗绮丛中，笙歌宴上，柳永倚红偎翠，挽着可意的女子极尽柔情。

在赴考之前，他以肯定的口吻憧憬了考试的结果。一句"定然魁甲登高第"，将狂傲的气势洒在了字字句句中。这时的柳永视登科及第为探囊取物。年少轻狂的傲气，令多少寒窗苦读的士子，一较之下，相形见绌。

最终，1008 年的科举，柳永三兄弟都以落榜告终。出榜后，柳家上下笼罩着失落的气息，每个人都将叹息埋在了心底，装作什么事都没有发生。

这其中情绪最为低沉的就是柳宜夫妇了。眼看年事渐高，若是有生之年，他们不能看到孩子们金榜题名，难道要带着满腔的遗憾和担忧，离开这个世界吗？

柳永没有想到首战就落败了，他的自尊和骄傲都受到了打击。年轻气盛的才子考前意气风发，考后的失意，这是人生中第一次失败。要知道，他没有为这样的失败做过一点心理准备。

那天，一家人一同去看榜，看了一遍又一遍，始终没有看到柳家三兄弟的名字。回家的路上，大家在马车里默默无言，

柳宜的脸色阴沉，没有谁敢随意讲话。

快到家时，柳宜轻叹一声道："你们三兄弟如此年轻，科考落榜尚属正常，暮年及第者比比皆是，不要因为一次失败，就心灰意冷。你们定要切记，要继续苦读，不可松懈，等下科再考。"兄弟三人齐声称是。

柳宜突然又想起还有嘱咐之事，抬眼对柳永道："三变，你可莫要因词名在外就疏忽了学业。还有，那烟花之地也要少去才好，你可明白为父的苦心？"柳永连连道是，心中只懊恼这次科考失利，才被父亲训导。

说完了柳永，柳宜又对三复说道："三复，为父对你倒没有其他嘱咐，只是……可不要因为痴迷蹴鞠而耽误了科考的正事才好。"三复连连称是。

之后，柳永三兄弟许多天都闭门未出，各自在书房里精进学业。说是苦读，可因心情沉郁，谁的心思都无法集中。

柳永这边，玉袖会常常讲些趣事希望丈夫可以开怀，可终是没有太大效果。没有办法，玉袖只有劝柳永出去走走，她知道，丈夫之所以消沉，除了名落孙山的事，还因为考前作的那首词。前日轻狂转眼之间就有了代价，他人的眼光，成了柳永最大的烦恼。

被劝说多次后，柳永只能硬着头皮带着随从出了门。人在大事小情面前，往往胆怯的就是那临门一脚。直到出了门，柳永才觉得并没有想象中的那么难，街坊四邻的态度也一如从前。昔日盘桓在心底的阴霾瞬间消散，逛着逛着，就到了他常去的那家青楼。

到了那里以后，熟悉的女子之惋惜，同样落榜的好友之牢骚无奈，使柳永的包袱彻底放了下来。欢宴一直到深夜，落榜的事似乎随着莺歌燕舞变成了遥远的前尘往事。蒙眬醉意中，不知是谁将蘸好了墨的笔款款递到了他手中，少顷，柳永的又一首名作已跃然纸上：

　　黄金榜上，偶失龙头望。明代暂遗贤，如何向。未遂风云便，争不恣游狂荡。何须论得丧。才子词人，自是白衣卿相。

　　烟花巷陌，依约丹青屏障。幸有意中人，堪寻芳。且恁偎红倚翠，风流事、平生畅。青春都一饷。忍把浮名，换了浅斟低唱。

　　　　　　　　　　　　——《鹤冲天·黄金榜上》

一首《鹤冲天·黄金榜上》再次风靡了整个京城。悲愁和牢骚的情感基调上，那股叛逆不羁的劲头，非一般人所能直言。

关于这首词的年代，有两个说法，一说是柳永这次首考落败之后，另一说是他在三十五岁时第三次落第后所作，以抒发满心的失意愤懑。

就两个年代来说，一直以来并无实在的佐证可以确定。在此之所以选择初试落第，只因柳永在词中所表露的考场失意情场得意的感慨，更符合年少初试失利后的心态，在他心里对未来的科举依旧充满了希望。

柳词里，柳永始终都是真实的自己。关起门来发牢骚是这世间最寻常的事，可将其书于卷上昭告天下，并且毫无掩饰地道出失了理想还有情场的，又有几人呢？

据说仁宗后来听说了这首词后，临近放榜时道："且去浅斟低唱，何要浮名？"以至于柳永终身落拓不得志。然而戏说之言只能当作戏说，且不说仁宗亲政的第一科时，柳永已过不惑之年，就说仁宗亲政时的第一榜，正是柳永及第的这一榜，已经推翻了这些传言的真实性。

而在仁宗亲政之前，大宋由章献太后全权执政。科举取士的大事，仁宗是没有机会干涉置喙的，更不要说从一首词就决定剔除谁了。此外还有最重要的一点，若是真有此事，柳永何苦继续科考呢？

林林总总的理由都表明，一首《鹤冲天·黄金榜上》既不是柳永淡泊功名的例证，也不是导致他久沉下僚的原因。之所以有这样的传说，和柳永浪漫叛逆的性情，以及未来词对他仕途的影响有莫大的关系。旁观嘲讽者有之，喜爱敬佩者有之。在文化传播极为有限的古代社会，柳永做到了一个现代社会的明星偶像效应。

青春不过片刻之间，他将内心的挣扎书于繁华巷陌，吟着吟着，就吟出了"忍把浮名，换了浅斟低唱"。皓月当楼，他已经分不清哪个是自己想成为的人。醉卧花间，酒醒之后，依然要继续往那天下士子向往的宦途奔去。

　　岁月在柳永挥不去的纠结中继续流转，四年的时间很快就过去了。大中祥符五年（1012），柳永第二次参加科举，与两位兄长再次落败。

　　明明三子都是富有才华之人，却无一人高中，柳宜对此只是连连摇头叹息，竟也再无规劝嘱咐的话。对一个已过古稀之年的老人来说，虽有殷殷希望，但他的确已经没有什么精力去过多地关注了，只有寄希望于三兄弟的自觉、祖宗的保佑以及今后科场的顺利。

　　这年的科考，还有一人与柳家三兄弟同时参加，那就是王禹偁的次子王嘉言。本来兄弟三人并没有将这件事放在心上，毕竟潜意识中觉得这个小兄弟是第一次参考，若是落第，也实属正常。

　　可令三人没有想到的是，王嘉言首战就告捷了。对比他们三人的再战失利，成了莫大的讽刺。

　　王嘉言一举中第，柳家自然要前去道贺。由于对王禹偁深厚的情感，三兄弟自然也是为嘉言高兴的，但这件事的确带给了他们不小的冲击，只能暗自苦笑。

　　这一次，柳永倒没有前次伤怀沉重。他渐渐地懂得，科举入仕有一种"尽人事，听天命"的意味。自己只需要继续努力就好，毕竟青春尚早，还有许多光阴要度，还有许多世事要走。

 **执手红颜，惟有两心同**

应试失败后的柳永，继续着他在繁华巷陌与清净书院间来回穿插的生活。青衫一尘不染，吟着轻歌慢词悠悠地走入了平康小巷。这样的柳七郎，一直都是秦楼楚馆中的贵客。

若是作了好词，女子们总会开心地为他递上丰厚的润笔费，若是他没有下笔，在欢场消费也从来不会吝啬。也不知是挣的多，还是花出去的多了，柳永对这些也不计较。要论起这件事，只怕妻子玉袖比他要清楚得多。

本是酒色和词的交换，区别只是出银子的是哪一方。可那些堕入风尘中的女子，不管是知己的交情，还是带着几分男女之爱的心意，抑或只是并不相熟的倾慕之情，对柳永都是一番真情实意。

这缘于柳永对待女子们的态度。他是常来常往的浪荡公子，却从不以玩弄之意对待她们。他是书香门第的士家才子，她们是落到欢场里迎来送往的尘埃，她们的命运令他深深触动，往往令他久久难以释怀。

　　所以在风尘里，他与她们结为可开怀畅饮的好友，可在夜灯下低诉心事的知己。她们也视他为亲人兄长，彼此明白，互相懂得。至于旁人的理解也好，揣测也罢，都可以忽略。

　　不过，柳永虽与那些女子有着深厚的交情，也有出于男女情感而喜欢的人，但始终没有一个人，让他再体会到对初婚妻子蕙娘那般的感情。他常常想，许是他将自己的爱情都留给了蕙娘一人，留给了他们之间那段充满遗憾和悲伤的故事。

　　这样的情况在1012年落榜的这一年发生了变化。

　　这天，柳永应几个好友之邀前往青楼赴约。待去后，只见几位好友颇有些神秘的神色，柳永不明就里，追问何事。其中一位禁不住问，饮了一杯酒道："快把人叫出来吧，先让柳兄过目才好。"

　　那样的地方，毕竟是男子们为了消遣而去，这样的玩笑也是正常。柳永不知所以然，就见珠帘掀起，老鸨领着一位羞红了脸的女子进来。

　　柳永一看那女子，便什么都明白了。原来这位叫虫娘的女子，刚进烟花之地不久，也难怪如此羞涩。虫娘的貌美自不必说，难得的是整个人有一种冰清玉洁，仿若空谷幽兰的气质。而最特别的，是她眉眼之间与故去多年的蕙娘有几分相像。

　　亡妻已故多年，柳永的情绪倒不至于有太大波动，不过他清晰地听到自己的内心"哗啦"一声被轻轻地叩开。

　　和柳永私交甚好的几位友人，自然是知道他深埋在心底的情结，才有了今天这番事情。几位友人也是一半出于玩笑、一半有心撮合，他们都想，即便他二人结个露水情缘，也能稍许宽解柳永的心结。

虫娘虽然十分羞涩，但却没有丝毫不得体的地方。酒过三巡后，她也不再如开始那般拘谨，柳永这时才发现，虫娘是读过许多诗书的女子。虽说这勾栏瓦舍的歌舞她还不太娴熟，但她周身透着朱门深苑里闺阁女子的风度，想必应是家门中落的凄苦女子。如此，眼前少女的风姿在柳永看来，与蕙娘又神似了几分。

自那以后，柳永就常常去找虫娘，对待她更是与其他女子不同。而虫娘若是几日不见柳七郎，便开始坐立不安。本就互有好感的才子佳人，在真心罕见的欢场，在红牙檀板的节拍下，情不自禁地相爱了。

对虫娘，柳永起初只是当作失去亡妻的一丝安慰。不过，在善良敏感的心思中，他对虫娘有了歉疚感。放眼世间，没有哪个憧憬爱情的女子，甘愿被当作替身。

深思熟虑后，柳永决定不再去寻虫娘。与其让对方越陷越深，再被血淋淋的真相伤害，倒不如悬崖勒马，就让彼此相忘在茫茫江湖里吧。

"当局者迷"的柳永，开始故意避开关于虫娘的一切。只不过一段时日，这个为对方着想而负疚离开的男子，就觉得浑身不自在，心里好像被掏空了一块儿，陷入了"茶饭不思"的怪事里。

红尘男女来去，爱恨情仇不歇。柳永不是个木讷的人，他懂爱懂情，只是暂时不愿承认罢了。正因为虫娘与自己最爱的人如此相似，他更不愿她受到一丝伤害。

不过，这一次受伤的却是他。那个有着小脾气，却不时为他着想的明艳女子，不知何时已闯入了他的心扉。原来，在他心里，她早已不是谁的影子，她只是她自己。此后，蕙娘是蕙娘，虫娘是虫娘，她们毫无关系，不会再在他的脑海里重叠了。

明白了自己内心的柳永，顿然神清气爽，他牵马匆匆而出，飞奔在汴京的街道上。那天阳光很暖，微风很轻，盛世里的汴京城格外喧哗和谐，街道上的百姓怡然自得，显得驾马经过的柳永甚是特别，引得行人纷纷注目。

一路急奔而去的柳永，在青楼里找到虫娘的时候，一眼就看出了对方近日的憔悴。欣喜的虫娘一直追问柳永最近怎么不来与自己相见，柳永只是敷衍不答，之前想好的所有告白，这时候反而一句都说不出来了。单纯的女子哪里知道，自己和眼前的男子已经发生了那样多的纠葛，差一点，就要各安天涯。

虽然没有正式地说破，但从那以后，柳永和虫娘的感情更深了。对于自己的心意，柳永从未因对方的出身而有所避讳，"虫娘"的名字，也成了柳词里出现人名次数最多的一个。

　　虫娘举措皆温润。每到婆娑偏惜俊。香檀敲缓玉纤迟，画鼓声催莲步紧。
　　贪得顾盼夸风韵。往往曲终情未尽。坐中少年暗消魂，争问青鸾家远近。
　　　　　　　　　　　　——《木兰花·虫娘举措皆温润》

柳永为虫娘写下这首词的时候，虫娘的歌舞技艺已经精进了许多。因她悟性极高，又出身书香门第，经过一段时间的学习，已然色艺俱佳。有一次，虫娘的一曲舞终后，柳永写下了这首《木兰花·虫娘举措皆温润》。曲虽终，情未尽，座中的他暗暗销魂，此时他愿意暂时忘了所有的凡尘俗世。

生离死别，总发生在猝不及防的时候。柳永与虫娘相识的第二年，大中祥符六年（1013），柳宜去世了。

身为父亲的柳宜，对柳家三兄弟严厉居多，但他并不刻板，否则柳永和柳三复是没有机会发挥自己的爱好的。

作为一个严父，他时常期盼三个儿子能早日及第，以实现柳家男儿兼济天下的抱负。可是，这个凤愿直到他76岁离开人世，也未能实现，深深的遗憾伴着他，终是被埋到了地下。

柳宜临终前，最放不下的就是科举这件事。他殷殷嘱托三个儿子："努力读书，坚持科举，不可放弃。"泣不成声的三兄弟，郑重地答应了父亲，柳宜听后便缓缓地闭上了双眼。

柳府霎时哭声四起，柳永重重地叩头，然后伏在地上，身体因为悲痛哭泣而不停抖动。他从来没有像此时一般，为自己的落榜感到深深的愧疚痛苦。

如今，父亲走了，他们三兄弟中尚无一人高中。未来是否能实现父亲的遗愿？悲伤中的他默默问自己，却只感到前路白茫茫一片，这是他第一次对前途产生了怀疑和迷茫，第一次对科举有了使命和恐惧的矛盾感。

柳宜的去世又牵扯了一个问题：柳家身为官吏之家，柳宜的三个儿子无一人登第入仕，这是一件不体面的事。于是，柳氏兄弟和母亲刘氏以及叔伯相商后，决定先将父亲寄葬在汴京，待取得功名之日，再移葬故里。

办完柳宜的丧事后，柳永三兄弟就要开始守孝了。古时守孝三年，实为 27 个月，这意味着在这段时间里，所有的娱乐消遣活动都要取消，而朝廷的科举也只能错过了。

万般相惜，知他深深约

　　柳宜的去世，使一个现实的问题摆在了柳永的面前，那就是守孝期间与虫娘是不能再见面了。这对处于热恋中的两个有情人来说，实在是有些残酷。因虫娘是风尘中人，这在古代礼制中是绝对不被允许的，一旦逾制，柳永的前途都会搭进去。所以柳永只能苦熬相思，只希望除服之后，他深爱的女子还在原地守候。

　　父亲不在了，柳氏兄弟除了研习学问外，还要为生计奔波。

　　好在柳宜早就有所考虑。他虽未至太高的权位，但在官吏中品级尚可，俸禄也还尚可，便在有生之年用一些积蓄置办了少许的田产。那些田产虽说不能让家人富贵，但日常花销还是够的。

　　可要说没有影响也是不大可能，毕竟从前柳家生活的主要来源还是柳宜的俸禄。从全俸到致仕后的半俸，再到如今靠田产度日，家中的经济拮据了许多。可是几兄弟也没有办法，他们的使命是参加科举奔着入仕而去的，是绝不能放弃书本为生计去奔波的。

时间到了大中祥符八年（1015），又一次科举考试开始了。但遗憾的是，柳家兄弟的丁忧期还未结束，只能眼睁睁地放弃。

同时，几乎与虫娘失去了两年联系的柳永，随着除服时间的渐近，心情更加焦灼。他能知道的，也仅是从好友口中打听到虫娘还在老地方一如从前。可这并不能减轻他的焦虑，身在欢场的虫娘是否还在等自己，他无法判断。

存着万千心事，日日是食不知味的感觉，纵然长夜漫漫，也只有无奈兴叹。柳永想起过去常和虫娘相会的日子，嘴角就勾起了笑，随即而来的是更大的孤清哀伤。写首词吧，或者能穿过街道巷陌传入她的闺房中，可以让她再多点耐心，再多等一些时日。

> 雅欢幽会，良辰可惜虚抛掷。每追念、狂踪旧迹。长只恁、愁闷朝夕。凭谁去、花衢觅。细说此中端的。道向我、转觉厌厌，役梦劳魂苦相忆。
>
> 须知最有，风前月下，心事始终难得。但愿我、虫虫心下，把人看待，长似初相识。况渐逢春色。便是有，举场消息。待这回、好好怜伊，更不轻离拆。
>
> ——《征部乐·雅欢幽会》

长久的相思和期盼，都在这首《征部乐·雅欢幽会》中完整呈现。柳永生怕漏掉了什么，以致虫娘不能完全领会他的心意。

他感觉自己欠了虫娘的情债，只愿能在相聚后，慢慢偿还给她。他在词中问："谁能去花街柳巷找到她，将我的心事转告给她呢？告诉她我魂牵梦萦的思念，告诉她我因相思而备受折磨。"

道完自己的相思，柳永还有最重要的事相托："希望她在那里迎客的时候，对待他们就像初次相识那样，千万不要动了真情。"这样的爱情，充满着荒唐和无奈，但却是无法逃脱的现实。古代多有文人才子和青楼名妓谱写爱曲，其中的心酸纠结，是和柳永完全相似的。

柳永是将虫娘当作真正的爱人的。面对这段感情，他不打算得过且过。他希望日后登第时，可以想办法让虫娘脱离风尘，可以与她名正言顺地彼此相守。

一首慢词，几多情愫。没有遮掩暗示，有的只是一个伤心的相思人，在咫尺之处对心上人的重重承诺。

这样数着日子，除服的时间到了，柳永终于可以去见虫娘了。他将自己收拾一番，忐忑又期待地去虫娘那里。

要说虫娘，这两年多又何尝不煎熬。相比柳永，她有更深的顾虑。自古薄幸男子并不罕见，她不知道自己会不会是话本和戏台上那被弃的女子。若是万一不幸，碍于出身低贱，又能怨怪谁呢？

虫娘这边算着日子，也知道到了柳永除服的日子，心想只看他会不会来看望自己，便清楚他的心意了。

到了虫娘所在的青楼，正是热闹的时候。楼里女子见是柳永，都惊喜地喊出了声，纷纷围在他身边寒暄。

柳永一向待她们亲如知己，这时便开心地回应，但不忘向四周张望寻去。女子们见他这般神态，都知道他在寻找虫娘，便帮他呼唤虫娘下楼来。

虫娘性情本就容易羞涩，这才先避着不见。她正在房中不知怎样自处时，听到姐妹们都在呼喊她，更是无所适从。"唉，也罢，总不能一直躲着，万一他又走了怎么办？"

分别了这么久，在两个相爱的人再会后，长久的疑虑担忧彻底被打消。

原以为的轰轰烈烈并没有如期出现，取代的只是彼此轻声的一句"好久不见"。当爱的人好端端站在自己面前，他们感到了从未有过的踏实心安。

分离后的再见，柳永倒是清减了不少，而虫娘比从前更为风姿绰约了。此后，日子又恢复如常了，只要意中人在触目所及的地方，与自己相守取暖，更多的美好就还可期可盼。

恍然间到了天禧二年（1018），这一年，夫人玉袖为柳永生下了儿子柳涚。新生的孩子给柳家带来了莫大的喜气，初为人父，柳永的心情激动得无以复加。此后身上的责任更重，他也必须打起精神来继续赴考了。

然而喜事之后，就来了忧愁。柳永在第二年，天禧三年（1019），与兄长三接第三次落第，三复中第。

柳永再次被迫接受了考场无情的打击。对柳家来说，三复考中是件好事，可对柳永和三接来说，落榜的残酷已经无法令他们再展笑颜。这样的日子何时是个尽头，柳永完全没有了主意，只剩下浑浑噩噩地借酒消愁。

其实在父亲的守孝期结束后，有一件心事始终徘徊在柳永的心头，那就是关于他和虫娘的未来。

二人相爱至深，难舍难分。可身在欢场的虫娘有着许多身不由己，也不可能以歌伎的身份与柳永长相厮守。若是到了红颜迟暮的时候，虫娘的归路只能寻了别人托付余生，是否能遇见一个真心待她的暂且不说，和柳永是再无缘分了。

为了此事，虫娘常常愁眉不展，一想到没有办法掌握自己的未来，便觉痛不欲生。柳永看在眼里，心痛不已。

想起自己对虫娘的承诺，再看科举中一次一次的落败，他不由得心烦意乱。

妻子玉袖是个聪慧的女子。近些年丈夫和虫娘的事，她也略有耳闻，再看近来柳永不时长吁短叹，心下大概猜到了几分。

在一次闲话窗畔的时候，玉袖暗示丈夫："何必非要等到榜上有名之时，朝廷有不准官宦沾染青楼女子的规定，到时只怕万一有阻碍，你二人便此生无缘了。何不趁现在家中无杂事，将她赎出纳为妾侍。"

柳永一听，的确是这个道理，只要能让虫娘脱离乐籍，即便自家是官宦士子之家，到那时纳她为妾也是很正常的事。

只怪自己执着于得了功名，有了更多的底气后，再给虫娘一个交代，却没想到钻了牛角尖，竟不如玉袖想得通透。困扰自己许久的问题解决了，他当即决定去告诉虫娘这个新计划，她一定会很开心。

即便在一妻多妾的封建社会，作为女人，谁不想独有丈夫的陪伴和宠爱。可是古代女子作为妻子，不善妒是妇德的标准之一，而"嫉妒丈夫纳妾"就是那七出之条的其中一项。加之作为正妻，还要将繁衍子嗣和家族兴盛的担子挑在肩上，帮助夫君纳妾也就成了正常的事。

这样的社会婚姻状态，女人的辛酸和不易，往往也只能独自品尝。玉袖选择做贤惠大度的妻子，她始终不会激烈地热爱或反对某件事，或者，这是对自己最好的保护吧。

虫娘知道了这个消息后，果然欢喜极了，柳永甚至觉得她从未有过那样灿烂的笑容。二人开始商量具体的赎身事宜，虫娘坚持拿出自己的一些首饰和财物积蓄，她已经迫不及待地要跟柳永回家去。

她毕竟是姿容过人，想要赎身脱离乐籍，必得花费一大笔钱。柳永大略算了一下，二人的积蓄都加起来估计还不够，再多挣些润笔费，那便差不多了。

过去不见任何进展的承诺，变成了一件件具体的事，只不过需要些时日。柳永忆起二人相识多年的种种，总算没有辜负她，他看着眼前的人儿，感慨万千。

小楼深巷狂游遍，罗绮成丛。就中堪人属意，最是虫虫。有画难描雅态，无花可比芳容。几回饮散良宵永，鸳衾暖、凤枕香浓。算得人间天上，惟有两心同。

　　近来云雨忽西东。诮恼损情悰。纵然偷期暗会，
长是匆匆。争似和鸣偕老，免教敛翠啼红。眼前时暂
疏欢宴，盟言在、更莫忡忡。待作真个宅院，方信有
初终。

——《集贤宾·小楼深巷狂游遍》

　　这首词是柳永对虫娘的真情回顾，也是对她郑重的告白。
小楼深巷里，纵然如花美眷无数，也不及一个虫娘。回忆曾经
那些难分难舍的时光，还有那偷偷相会的场景，不觉就湿了眼眶。

　　这段感情曾经充满了波折，何去何从的迷茫，个中事务导
致的分离，让他身心疲惫不堪。他无数次地问自己，何时才能
与她相偕到老？如今，她不必再忧虑重重，他会将她名正言顺
地娶进家门。从此，相依相守，有始有终。

　　几个月后，虫娘顺利地离开了烟花巷，成了柳永的妾侍。
从此他们同醉夕阳，共拥山水，从黄昏到拂晓，从今朝到一生。

　　关于柳永和虫娘的这段感情，历来有两种说法：一说虫娘
终是去了远方，消失在柳永的生命里；一说柳永将其纳为妾侍，
终成眷属。

　　在本书中，笔者经过反复思量，还是采用了圆满的说法。
因为在许多话本传说里，对柳永的命运定义最凄惨的一种是，
一生无妻无子无官，至老贫困潦倒，这样的说法其实完全是为
了悲剧而悲剧的戏说。

　　柳永的一生，虽然有些具体事件和发生年代有着不同说法，

但那是从古至今的专家学者们基于史实考证，各自发生的分歧，而对他人生经历的脉络是没有大影响的。

比如他有妻有子，科考历经波折，天命之年中第，仕途从顺利到久沉下僚等经历，才是符合柳永真实人生的际遇。

笔者认为柳永一生无妻，是根本站不住脚的。试想，柳宜终官工部侍郎，在京城中虽非太大的权力，但也是从三品之职。那么出身于这样官宦之家的少年才子，本就风流多情，在古代"无后为大"的传统观念里，怎么可能不娶妻呢？

既然有妻，在条件允许的情况下，纳与自己两情相悦的女子为妾，不就是顺理成章的事吗？

至今，没有任何的记载能证明柳永不能纳虫娘为妾的依据，也没有一首词能表明，柳永在中年时永远失去了虫娘。基于这样的考虑，本书中给了柳永和虫娘一个完满的结局。他们曾经轻易地就动了心，便不要轻易成为断肠的离人罢。

举场凄寥断云远

一边是温柔贤淑的玉袖，一边是相爱多年的虫娘，顺利纳了虫娘为妾的柳永，感到人生巨大的幸福。

然而科场寥落始终是压在柳永心头的沉沉心事，除了执笔再战，哪里有其他选择。

天禧五年（1021），刘氏病逝了。不得不说，玉袖当初对柳永和虫娘的结合，起了决定性的推动作用。否则，随着母亲的仙逝，再经过两年多的守孝期，难说会出现什么变故。

带着失去双亲的悲痛，柳家兄弟经过一番商议，决定将父母一同安葬回崇安故里。虽然柳永和三接依然是一介布衣，不过三复已经挣得功名。此时回乡安葬父母，在家乡宗亲面前也不会全无颜面。

办完了父母的归葬事宜，三复继续上任，柳永和三接则要回到汴京，继续跋涉不知何时是尽头的科考之路。然而古代的士子，父母一旦去世，如果守孝时恰逢科考，那也只能错过，准备下一次科考了。

所以，天圣二年（1024）的这次科考，两兄弟就不能参加了。虽然当时已经除服，可因没能参加前一年的秋闱，自然遑论第二年的省试和殿试了。

自天禧三年 (1019) 柳永第三次落第，在日复一日的流光斜阳里，岁月匆匆无声而过。这一过，八年竟已去了。

当柳永再次进入考场时，时间已经来到了天圣五年（1027）。考试的结果依然令人沮丧，两兄弟双双落榜，前程一片黯淡茫然。

出榜的那天，他们失魂落魄地走在汴京城的街头，拒绝了家中其他人的跟随，也不知谁该安慰谁。

就那样走了许久，三接喃喃道："三弟，或者你我不该执着于那条路，或者我们可以……"三接没有说完，而柳永，给不出任何回答。

可若不继续考试，他们能做什么呢？是靠父亲置办的那不多的田产继续维持生计，还是分家后各自想办法讨生活，他们本是"士农工商"里最高的那个"士"，如果彻底放弃了这条路，又该如何向列祖列宗和逝去的父母交代呢？

如今的柳永已经44岁，他不再是那个策马轻狂的翩翩少年，只是一个屡次科场失意的中年男子。这条路已经走了好久，不知来路，不见归途。那"风雪夜归人"尚且知道顶着风雪归去哪里，可是柳永兄弟却无从知道。

关于柳永的科考经历，也出现了两种说法。一种说法是天圣二年（1024）柳永第四次名落孙山，此后柳永十年未进考场，直到景祐元年（1034）中第；另一种就是本书中所采用的，柳永在天圣五年（1027）第四次落榜，此后在天圣八年（1030）第五次落榜，最后在宋仁宗亲政的第二年景祐元年（1034）中第。

本书中之所以采用第二种结论，出于两种原因。首先按礼制，因柳永为母丁忧，是无法参加1024年的考试的；其次，按第一种说法，为何从1024年到1034年这十年间，柳永错过了两次考试，实在是没有找到依据凭证。

如果说因为柳永经受了四次打击后愤而罢考十年，对于他深受儒家思想浸润的家族和自身思想来说，岂不是很牵强吗？那为何又参加仁宗亲政的"龙飞榜"那一科呢？难道仅仅因为是恩科取士吗？柳永也是心高气傲之士，他会在罢考十年后，因为恩科取士就再次走入考场吗？

柳宜去世后，柳永因守孝错过了1015年的这一科；刘氏去世后，又错过了1024年这一科，以此推算，柳永的考试生涯就很清楚明了了。无论是坦然待之还是越战越勇，对于一个向往庙堂、并没有决意归隐的文人士子来说，无故缺考两次总归是令人费解的事。笔者经过斟酌，在本书中采用了五次科考落榜、六次及第的说法。

再回到柳永的故事。1027年的那天，柳永和三接在崩溃的边缘散步街头，他们的沮丧和失意，便是古代读书人悲哀宿命的缩影。寒窗十年，一朝金榜题名的人毕竟是少数，多数人都是在科场的落败中收拾心情，继续伴着寒灯苦读。光耀门楣也好，忠君报国也好，兼济天下也好，对于绝大多数的读书人而言，他们一生的命运，注定要和"科举入仕"牢牢绑缚。

两兄弟回到家中，家眷都过来劝慰。如果做不到淡然处之，一切安慰的言语，听起来都是那样无力苍白。他们强颜欢笑，却无法掩饰满目荒凉的哀伤，他们抛去前尘，却无法遮蔽次次落败的恐惧。

科场的颠沛遭遇和年少成名的得意，在柳永身上形成了鲜明的对比。这样的对比变成了一次次具体的痛楚，时日越久，就会觉得越发凄苦了几分。好在有玉袖和虫娘的陪伴，围炉煮酒，吟词弄雪，总能抚去些许伤感和不甘。

岁月本身带着神奇的加持力量，它给予柳永的却是残忍的一面。年轻时初生牛犊的踌躇满志，遭遇失败后渐渐自省的淡然，岁月渐长后无所适从的辛酸，他困在其中挣扎战斗，却无法如战场上的战士一样速战速决，死而无憾。

加持也好，残忍也好，他总得如约而至，去赴一场场的科考。

天圣八年（1030）的这一科，柳永和兄长再次并肩走进了考场。其中的压力和忐忑，只有相似经历的文人士子才能彼此懂得。

不幸的是，将近天命之年的柳永和三接再次名落孙山了。

如果说榜上有名是人生最大的喜事之一，那么此时的落第就是兄弟二人最大的悲剧。

日日苦心孤诣，却一次次被无情地打击，难道还要一科科继续考下去吗？等成为白发苍苍的老翁，还要在考场间来往反复吗？带着无数这样的疑问和迷茫，柳永在1032年逃离了汴京，开始了西行漫游。

除了任城和汴京，其他的无论是故乡崇安，还是专程去游赏之地，都是温软迤逦的烟雨江南。而今，他想去领略那凛冽又厚重的西北况味，黄尘飞扬的古道，灞桥烟柳的秋光……那是他还未见识过的风光。

收拾好行装，郁郁不乐的白衣词人就离家了。

就像许多年前为了逃避和蕙娘的爱恨争执而南下游历一样，他依旧带着随从小木同行。这次他要逃离的是科场失意带给自己的压抑，只是"小木"也已不是"小木"，他也不是那个因爱玩乐而让妻子伤心的青年才俊了。

主仆一路西行进入了秦地陕西，到了关中一带。那里果然是和江南截然不同的风物，再和繁华的汴京相比，自有一种独特的粗犷。

到长安的时候，已是秋天。当牵着马走在秋日的夕阳下，西北郊外的辽阔感染着人的心绪。秋蝉声透过秋风传进耳里，阔远萧瑟包裹了古道上的每一个人。一首好词挥笔而就，如行云流水。

长安古道马迟迟，高柳乱蝉嘶。夕阳鸟外，秋风原上，目断四天垂。

归云一去无踪迹，何处是前期？狎兴生疏，酒徒萧索，不似少年时。

——《少年游·长安古道马迟迟》

"变旧声为新声"的慢词词宗柳永，时而写首小令，同样也是令人赞叹的绝唱。

曾经的汉唐旧都长安，如今在秋风里静静凝视着世间繁华。一砖一瓦，一水一尘，似乎还在诉说着那些古老的故事。秋日黄昏，极目望去，望不到荒原的尽头，天空如幕帐一般似垂在天际尽头，一派苍茫。

这样的景色旷远大气，同时也萧索苍凉，身处其中，不由抚今追昔，思怀感慨。一只鸟儿从天空划过，打破了柳永的沉思。他望向鸟儿的方向，只是短短几瞬，它已经飞离了自己的视线，消失在天空里。看上去，鸟儿和慢慢落下去的夕阳，好像都飞向了天空之外。

鸟儿会飞离，夕阳会下山，就如时光一般，眼睁睁看着它流逝。而自己就在这样的流逝中，慢慢变老。想到这些，千愁万绪都涌入了心海，落拓士子，浮云游子，都是他自己的悲哀而已，再难有年轻时的那般心境了。

在秋风荒原上低低地叹了许久，最后化作了这句"不似少年时"，留在了长安城的古道上。这是身世和岁月的哀感共同带去的感染力量，直教听者泪落，闻者心伤。

带着满腹伤怀，柳永继续游历。一路从陕西到了蜀地成都，接着出成都经过了湖南，抵达了鄂州（今湖北鄂州）。游赏了这一路，柳永散心的目的却丝毫没达到，无论生机盎然的春夏，还是萧索冷寂的秋冬，他都无法真正地放松心情。

他终于明白，不追功名的出世之心，他尚且无法做到。他忘不掉家族的期望，丢不开父亲的嘱托，也放不下自小就立下的用世志意。

　　不如归去吧，归去继续沉沦在科场里，打那场不知何时能胜利的仗。这样想着，算了下日子，新科考试快要开始了。柳永急忙打点行装，为家中的玉袖和虫娘买了几份礼物，就和小木一起从鄂州开始了归程。

初入宦海慰心安

第四章

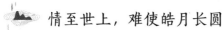 情至世上，难使皓月长圆

　　柳永回到汴京家中的时候，已至明道二年（1033）。此时朝堂也发生了变化，垂帘听政十一年的章献太后去世了，仁宗皇帝开始亲政。

　　柳永对此并没有太过敏感，只是希望新朝堂能带给自己好运气，可对于落败到暮年的他来讲，毕竟不敢抱太大希望。让他没有想到的是，自己一生中最为得意和潦倒的仕宦生涯，都会和仁宗皇帝本人息息相关。

　　新科考试快要来临之时，又一个莫大的悲剧落在了柳永身上，续弦妻子玉袖因病去世了。

　　在和玉袖二十多年的婚姻生活中，柳永完成了从年少不羁到成熟落拓的蜕变。

　　贤惠温婉的玉袖，的确不是与他爱恨交织的女子，多年的婚姻里，二人几乎没有发生过磕绊争执。他们举案齐眉，相敬如宾。不管坊间的烟花之地有多热闹，也不管科场的打击有多残酷，有玉袖在的家，带给他的永远只有潺潺流水般的舒适安宁。

他们之间没有多么刻骨的爱恋。他纵情风流，他深爱虫娘，而玉袖总是默默为他打点家中的一切，甚至还劝他早日纳了虫娘，以免留下终身的遗憾。

自她嫁给了他，他就常常想，玉袖这样的女子，是因为太通透而大度，还是用了另一种方式在表达妻子对丈夫的爱？这个疑问困扰了柳永多年，直到玉袖病重去世，他依然没能问出口，一旦问了，无疑会令她多几分伤感。

这时候柳永惊觉，他是在乎玉袖的，是不愿她多难过一分的。他与她，无论深深浅浅的爱恋，他们早已成为彼此的亲人。

办完了妻子的丧事，柳永的心又空落了好久。当初对蕙娘，他有无尽的歉疚，如今对玉袖，同样觉得心有愧意。

他是个懂得女人的男子，他知道，哪个女子不渴望独一份的爱呢？可是两任妻子，一个感情炽烈，一个宽容淡然，他一直想做到最好，却最终无法实现。好在，有心爱的虫娘在身边，与他共度余生，闲看荒烟蔓草的簌簌红尘。

柳永此后是否续弦，并没有一个准确的说法。按常理推断，在古代这样的书香门第之家，需要一个贤淑的妻子主持内务。所以笔者在本书中采用了柳永再续弦的说法。

明道二年（1033）的秋天，柳永和三接顺利通过了秋闱，只等来年的省试和殿试。年底的时候，柳永迎娶了第三位妻子，名曰兰嫣。

兰嫣并不是初嫁的女子，但年龄要比柳永小上一些。她是京中官宦家的千金，前夫病重不治，已经孀居好多年了。

眉眼灵秀可人的兰嫣是个大方开朗的女子。在她还是少女的时候，就对柳永的才名有着倾慕之情。如今在媒人的撮合下，二人彼此有倾心之意，很快就完婚了。

看到这里不禁要问，既然柳永最爱的女子是虫娘，为何不扶她做了正妻呢？要知道在古代，无论社会还是家庭地位，妾侍是无法与正妻相比的。

柳永当然想让虫娘做妻，可是礼制却是不允许的。在北宋，女子一旦为妾，便永远无法再做妻。下到平民百姓，上到王侯贵族，谁都不能扶妾为妻，一旦越制者，必要受到严厉的惩戒。所以即便有心，柳永的妻子，终究需是别的女子。

兰嫣相比玉袖，还是有些不同。她并不善妒，毕竟在古代社会，坦然与其他妻妾相处是社会对女德的要求之一。

不过，这不代表兰嫣能做到和玉袖一样，大度到让柳永疑惑她对自己是何种情感。她性情泼辣爽朗，对柳永早有倾慕，所以有时不免拈酸吃醋，也是正常的事。

如此，柳永就要常常平衡妻妾的关系，这首《玉楼春·阆风歧路连银阙》就写出了这样的情况：

　　阆风歧路连银阙，曾许金桃容易窃。乌龙未睡定惊猜，鹦鹉能言防漏泄。

　　匆匆纵得邻香雪，窗隔残烟帘映月。别来也拟不思量，争奈余香犹未歇。

　　　　　　　　　　　　——《玉楼春·阆风歧路连银阙》

　　从词意可以看出，词所描写的正是一次深夜与美人偷欢的事。若那相会的女子是风尘中人，倒也不牵扯"偷"了，既然是"偷"，意味着是避着妻子的，那么自然是家中妾侍了。

　　我们无从知晓除了虫娘，柳永是否还纳了其他妾侍，词中的女子也许就是虫娘，但也有可能不是。总之，这时的柳永因为要顾虑妻子的缘故，所以在残月当空的夜晚，偷偷地去和美妾相会，并且来也匆匆，去也匆匆。其中的紧迫，竟有着一种胆战心惊之感。

　　看来，"爱"的本质的确是排他的，即便在那个一妻多妾的封建男权社会，情感的唯一性，依然是女性追求的理想。至于能不能追求，追求的程度在哪里，那就和今天的婚姻一样，归根结底还是要落在人的身上。

　　每当读到柳词中的这类艳词，不由感叹其中所述的情事活灵活现。仿佛一时很难将与写下"对潇潇暮雨洒江天，一番洗清秋"或"长安古道马迟迟，高柳乱蝉嘶"的柳永联想为同一个人。

　　这就是柳永，与其说他是矛盾的，不如说他是真实的。尘间情事就是这样，他偏执笔道个明明白白。他永远有血有肉，永远大方地承认自己是个有七情六欲的凡夫俗子。

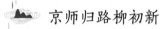 京师归路柳初新

　　调和着妻妾之间微妙的感情牵扯，过着简单平凡的小日子，很快就到了景祐元年（1034），柳永和三接又走进了考场。

　　这是仁宗亲政后的首次科举，是一科龙飞榜，也就是皇帝开恩扩招录取天下士子的一科。对此柳永两兄弟虽有些悸动，都期望能有个好结果，但经历了青年到暮年的失败，他们如今也只是"尽人事，听天命"的态度了。当年意气风发的豪情，再也无法回来。

　　张榜的时间到了，柳永兄弟俩依旧不由自主地紧张。这些年，他们已经习惯了一起做伴去看榜单，并且从不让家中其他人陪伴。如果失意注定要如影相随，就让自己承受就好，这是他们最后的一点尊严。

　　这一年，来得太迟，但又不算太迟。当两兄弟在大宋士子们的名字中，看到自己的名字赫然在列的时候，他们简直不敢相信自己的眼睛，直到确定几遍之后，才相信这不是在做梦。

　　兄弟二人在榜单前相拥而泣，时哭时笑，周围的士子们对

此也并不奇怪，反而报以恭贺的微笑。而那些落榜的则失望地悄声退出人群，垂头丧气地离去。更有甚者，因屡试不第而当时落泪哭泣，仿佛经历了人生一场最大的悲剧。

这是古代士子们的缩影，科举制是那样一种伟大的创举。所以注定有人要为此受益，实现忠君报国的理想，也注定有人会为此做出牺牲，甚至到老，到死，将一生绑缚在通向庙堂的考场上。

两兄弟的家眷得到了好消息，别提有多么欣喜，连剩下不多的几个家仆也都异常欣喜。谁也没有想到，在希望越来越小的时候，多年的愿望竟然就这样实现了。

特别是虫娘，自与柳永相识这二十几年以来，她几乎见证了他在科场所受的风霜煎熬。嫁给柳永十几年，她无时无刻不在期望自己的才子夫君能顺利及第。若是那样，他才会真正快乐起来，不必再时时怅惘，岁岁忧伤。

宋代的进士科分为三甲，柳永考中的是第三甲，而三接则是在省试落榜后以特奏名录取。

每科进士榜贴出后，就意味着京中的盛事来了。进士们不仅要骑着雕鞍骏马遍游京中名苑，还要参加皇帝特赐的琼林宴。等一切彰显皇家天威和天子门生的荣耀事宜过后，才会被分配职务，前去任所上任。

帝都的春日甚是招摇，草长莺飞，花红柳绿。高中的大宋士子们，在如画的都城中集体策马而过，尽情享受着成功的喜悦。

柳永从未有过这样激情昂扬的时候，那是无法抑制的一种情绪，他终于理解了当年孟郊写下"春风得意马蹄疾，一日看尽长安花"的心情。

> 东郊向晓星杓亚。报帝里、春来也。柳抬烟眼，花匀露脸，渐觉绿娇红姹。妆点层台芳榭。运神功、丹青无价。
>
> 别有尧阶试罢。新郎君、成行如画。杏园风细，桃花浪暖，竞喜羽迁鳞化。遍九陌、相将游冶。骤香尘、宝鞍骄马。
>
> ——《柳初新·东郊向晓星杓亚》

柳永向来是遇什么事写什么词，这样特殊的日子必是要留下词作的。这首《柳初新·东郊向晓星杓亚》是他新制的词调，词牌名"柳初新"正是映衬了登科之喜的新气象。

创新调制新腔，这对柳永来说是一件再寻常不过的事，在宋词的江湖里，他足以去傲视任何一位行家里手。在这片天地间，他永远做着自己想做的事，他人轻视不屑也好，竞相追逐也好，他从来都不在意。

每到科考的那一年，是京中春季最热闹的年岁。柳永曾经无数次想象自己成为新科进士的一员，然后依照礼制冶游繁华的都城，去赴无上荣耀的琼林宴。

如今，美梦终于成真，处处烂漫的春景和所有的新科郎君们融为了一体。想象为官后，会有大展宏图的一天，心里当时便雀跃起来。马鞭一扬，马儿踏起了街道的香尘，带着所有美好的期许，奔向了远方。

柳永在这首词中写下了自己中第后最真实的感受，这也是其他进士们的心情写照。春天的美景，朝廷的天威，都城的魅力，都在词中完美呈现。如此应情应景的《柳初新·东郊向晓星杓亚》，一时间又风靡了京城，人人称颂。

而京中那些巷陌红楼里的女子，自然也是将它谱曲歌之，她们常常用这样的方法表示对柳七郎的崇拜支持。不过这一次，女子们都有些伤感，因为柳永就要踏入仕途，从此怕是再难见面了。

在宋朝，青楼文化虽然繁荣，但对官员们却有着严格的约束制度。朝廷规定，士子们在入仕前可与青楼女子来往，入仕后便不再允许；而对于所有的官员，未携家眷在任的可以放宽制度，与之来往，携家眷在任的则不允许。一旦发现有官员违反了规定，势必会受到惩罚。

关于来往的尺度，也不是说绝不能有任何与之相关的活动，官员们的酒宴上可以邀请歌伎舞伎前去表演，但若是近距离接触就不可以了。这样的规定，越是在偏远之地越会放松，在天子坐镇的都城则最为严厉。

这样一来，柳永就要与那些多情美丽的风月女子彻底告别了，对此他感慨良多。

她们是他在这薄凉世间的知己，他尊重她们的人格，同情她们的命运，他用笔墨表达着她们的爱与恨，愁与喜。当浅斟低唱的才子词人开始了仕宦生涯，就注定要与那些女子分开。从此烟雨西东，只愿各自安好。

等京师冶游和琼林宴结束，进士们也要遵守朝廷的派遣走马上任了。柳永被派往睦州（今杭州淳安）任推官，兰嬅和虫娘早已打点好了所需的行装，等待启程的日子。

汴京虽非故土，却是柳永生活了四十年的地方，这里的一山一水，一草一木，早已深深嵌进了他的生命。他熟悉这里的每一条街，每一座桥，还有那撩人的红袖招。有些恋恋不舍，又有些初为仕宦的激动，这样的心情，像极了若干年前柳宜"叫阍上书"成功后离开任城的时候。

经过一番山水跋涉，伴着春末夏初的绚丽，柳永全家抵达了睦州。在这里，他将开启漫长而未知的仕宦之路。

到睦州收拾妥当，柳永的第一件事就是去拜访他的上司，也是他十分敬重的人，时任知州的范仲淹。

可是柳永去了才知道，范仲淹已接到调令，就要调去苏州了。感性的他，本能地排斥着这个不好的消息，一直激动欢愉的心情，感到了入仕以来的第一次失落。

有幸的是，此时范仲淹还未离开，正在向新任知州吕蔚做交接工作。柳永很顺利地见到了自己的偶像，也愉快地结识了今后共事的新上司，看起来一切都很不错。

要说新知州吕蔚，虽然没有范仲淹那样响的名声，但也并非池中之物。他的父亲就是名相吕端。吕端是宋太宗时期的名相，也是拥立真宗登基，稳定真宗朝初期朝堂政局的至关重要的一代名臣。

因此，深受儒家思想影响的柳永，对吕蔚同样充满了敬重之心。而吕蔚虽与他初次相识，却早已闻其词名。他对柳永的才学是相当推崇，有彼此的好感打基础，二人今后的共事必是默契和谐的。

暮年入仕的柳永很快进入了工作状态，科场颠沛多年，他已经浪费了太多的光景。他希望有生之年可以加倍努力，去弥补过往岁月的遗憾。

吕蔚本来只是对柳永的文才敬佩。他想到柳永科考多年，近晚年方登科入仕，又是个风流之名在外的才子，便对他的政务能力不抱太大期望，只希望中规中矩，相安无事。

可是很快，吕蔚发现柳永的办事能力很出色，他不仅努力敬业，并且效率和成效都格外令人满意。身为领导的吕蔚，为此常常对柳永中第太晚而心感遗憾。

闲暇时候，两人也会配几个小菜酌一壶美酒，然后对月倾谈，探讨当地政务，聊聊琐事理想，再吟几首诗，填几曲词，惬意得令人艳羡。

风前月下，心事始终难得

出自名门的吕蔚，继承了父亲秉公执法的品行。在为柳永一次次的惋惜中，他将叹息和认可付诸了行动。

柳永到睦州一个多月后，吕蔚就向朝廷写了奏表举荐，对此柳永满怀感激。

然而，在激动背后，他总觉得有些不安。入仕才一月有余，就得到上司如此恩遇，他有些担心这样的速度会不会太快，朝廷会如何看待？

吕蔚的荐表并没有让柳永等来升迁的好消息，原本以为会这样无声无息地不了了之，不承想，到第二年却等来了另一种结果。

景祐二年（1035），一份诏书下到了睦州。对柳永和吕蔚来说，都不是一个好消息。

南宋官宦、历史学家李焘在《续资治通鉴长编》卷一一六中记载："景祐二年六月丁巳，诏幕职、州县官初任未成考者，毋得奏举。先是，侍御史知杂事郭劝言，'睦州团练推官柳三变释褐到官才逾月，未有善状，而知州吕蔚遽荐之，盖私之也'。故降是诏。"

诏书的意思就是说：州县的任职官员在没有考核成绩之前，不允许向朝廷举荐。

而这份诏书中，赫然将下此诏的原因向官员们做了说明：睦州团练推官柳三变刚到任一个多月，还没有出色的政绩，知州吕蔚就举荐了他，因此受到殿中侍御史郭劝的弹劾，认为这是吕蔚出于私心所为。

这份诏书送达睦州的时候，正是六月份，这是吕蔚没有想到的事，倒是印证了柳永那丝莫名的担心。

诏书中对官员举荐下属做出了明确规定，那就是初入仕为官的官员，必须经过成考后，方能被推荐。而"成考"的时间要等到上任一年以后。算起来，诏书抵达睦州的时候，柳永在任已满一年。

这次弹劾事件，柳永感受到了宦海的风起涌动。原来身为官吏，一举一动都在他人的监督之下，即便问心无愧，也可能遭受揣测疑心，即便一身清正，也可能被误解有徇私之心。

其实，郭劝的这次弹劾是对公不对私的，目的在于维护真宗朝时的官制制度。可是对于初入宦海的柳永来说，心里总有些别扭，敏感的性情和科考命运的坎坷，让他对这条路有了一丝畏怯。

这条路是他毕生追求，此时的心情却让自己吃了一惊。看来人的确是个矛盾体，得不到的时候苦苦追求，等实现了，竟又生出退缩之意，何尝不是一种生命的哀感呢？

> 暮雨初收，长川静、征帆夜落。临岛屿、蓼烟疏淡，
> 苇风萧索。几许渔人飞短艇，尽载灯火归村落。遣行客、
> 当此念回程，伤飘泊。
>
> 桐江好，烟漠漠。波似染，山如削。绕严陵滩畔，
> 鹭飞鱼跃。游宦区区成底事，平生况有云泉约。归去来、
> 一曲仲宣吟，从军乐。
>
> ——《满江红·暮雨初收》

写下这首词的时候，已是秋天，离那份六月送抵的诏书已经过去了一段时间。这是柳永在宦途中第一次受到打击，轻轻淡淡地就笼上了一层阴影。

他觉得自己刚从喜悦的梦中回转过来，将醒未醒。秋季雨后的傍晚，江波浩渺，一派疏淡清冷，忙碌的渔人们也披着夕阳归家了。

淡雅如画的景致落在柳永眼中，勾起了心中久违的凄凉。看着凡间烟火的平凡，生出了几分归隐的意味。

依稀仿佛看淡了俗世繁华，领教了无所成事的游宦生涯。从此只想与清泉白云为伴，以青山碧树为家，也算不负人间一遭。

柳永字随心走，当他写完这首词的时候，陡然更无措起来。初入梦寐以求的仕途，他并不会如词中所写，抛下功名，归入山林。他知道，在词中明确表示想要归隐也只是发泄一下失望

和哀愁罢了。

后来，吕蔚看到了这首词，当时就对柳永一通开导，生怕他辞了官归隐山林，那可着实可惜。

柳永自己明白，他之所以在词中写下"游宦区区成底事，平生况有云泉约。归去来、一曲仲宣吟，从军乐"，流露出归隐之意，其实只是为了抒怀些许的失望和委屈，而并非刚刚入仕就想遁出世外。

他是柳永，至少在当下，奋勇入世是他所要继续的事。风月心情是他的，蓬勃野心也是他的。

这一方面，虫娘就是那个懂他的人。看到这首词后，虫娘边叫好，边"扑哧"一笑道："那妾身便去告诉姐姐，这就收拾行装，随夫君进山吧。"

柳永听完，抬手一点虫娘的额头笑道："还是小孩子样，取笑你的夫君，是不是很开心？等进了山，是我会种地还是你会纺纱？"

随着几句玩笑，诏书之事似乎也不那样令人沮丧了，柳永的心情也平复了许多。

吕蔚是个清明正直的人，对此事，他虽未表露太多情绪，但已做好了打算。郭劝的弹劾针对的是朝纲制度没错，可最终却是指出他有徇私意图，这是吕蔚无论如何也不能接受的。

既然诏书明令州县官在满一年之期考核合格后，方可奏举，那么此时柳永在睦州任职已满一年，吕蔚毫不犹豫地再次写了举荐书。

　　这样做的确很有必要，首先他希望柳永可以尽早升迁，发挥才能为朝廷效力，其次，为了证明自己只是惜才，而非私心。

　　令柳永没有想到的是，这次举荐很成功，很快就换来了朝廷的一纸调令，任柳永为余杭县令。

　　柳永的理想再次被点燃，他别了吕蔚。这个欣赏他又坚持提携他的上司，给了他初入仕途后极大的温暖。这份恩情，他将珍藏一生，永生都不会忘记。

　　得到余杭县令的职位，柳永清楚这其中还有另外一层意思。

　　宋代官制规定：选人改官，必得有过"亲民之任"，意指基层的父母官。而选人改官为京朝官，是通往更高官阶和在朝堂有所作为的必经之路。所以对于选人来说，县令是一份对自己今后改官有利的好差事。

　　因此这做官之后的第一次调任，使柳永对今后的宦途又多了几分信心。柳永很快地完成了交接工作，就带着全家启程上任去了。

　　余杭属于杭州府的一个县，清柔娇艳，绮美婉约。江南的秋光烟雨，充满了浪漫快意。一路上，发生了一段浪漫的情事。

　　在柳永与青楼女子的爱情故事里，流传最广的除了虫娘，还有一个女子，她就是谢玉英。

　　柳永在去余杭任职的路上，与谢玉英相识了。至于具体如何相识，我们无从得知，只能从常理做个推断。

　　谢玉英是当时江南一带的名妓，她所在的地方必然是在睦州到余杭之间。而柳永自从登第之后，便没有再涉足过烟花之地。

此次去余杭的路上，路经时应当是遇到了其他官员礼节性的接待，在欢宴上结识了美貌绝伦、色艺俱佳的谢玉英。

之前曾说过，宋时朝廷对官员与青楼女子的来往有着严格制约，这种制约主要是针对私自交往的行为，并不限制酒宴上有歌伎舞伎的演绎。这成了柳永和谢玉英相识的合理契机。

因柳永词名在外，又有名相之子吕蔚两次上书举荐，两浙以及杭州府的官员便都对他高看一眼。于是途经某地时，柳永受到了地方官员的盛情款待。

爱交朋友的他欣然前往赴宴。不承想，一场酒宴给他带来了一桩以悲剧收尾的情事。

当谢玉英出现在酒宴上献歌献舞的时候，自诩在京中见过无数美丽女子的柳永，不禁也呆怔了片刻。

自古哪个男子不爱美人，何况如柳永这样多情浪漫的风流才子。远在江南的谢玉英正是明艳照人的年纪，她早已听说过柳永的才名，同时深深被他对风尘女子的那番真挚道义和深情所感动。

每当他的词传到了这里，她会将它们一一记录下来，然后唱给秦楼楚馆里的宾客们。每到那时，她觉得柳七郎早已与她相识了许久。

她没有想到，那爱慕已久的男子，有一天会对她含笑酌酒。他们在人群中互相凝望，然后像老朋友般相视一笑。醉意蒙眬中，情愫已近，江湖已远。

总之，柳永和谢玉英就这样相识相爱了。一个是风华正茂的绝色女子，一个虽已近暮年，但成熟中依旧不失俊朗的风姿。

至于二人相处的细节我们无法知悉。但是可以想到，身为朝廷命官的柳永，已经许多年没有这样强烈的情感体会了。他仿佛回到了那个爱也浓、恨也深的时候。

面对这样一个痴心于自己的美人，他毫无抗拒之力地忘了情，竟宁愿担几分风险前去偷偷相会。山盟海誓，落子无悔。

只是相聚的时光太短，余杭还等着新的县令走马上任，柳永不得不与谢玉英依依惜别。

离别的残酷再次闯入了他的生活，他希望这段感情可以像与虫娘的感情一样，有个好结果。而女子也告诉他，自己从此将闭门谢客，只为他安心停留，等待与他长相厮守的那天。

可是这个故事终究是停留在了美好的愿望里。柳永一去就是好几年，任所有他忙不完的政务，家中有等他回去的妻妾。美丽的谢玉英在一封封书信往来里，渐渐惆怅、焦虑。

是啊，除了美好的回忆和扰人的相思，陪伴她的只有无尽的等待和越来越多的不安，还有无情消逝的岁月。慢慢地，她无法再信任他的心意，无法再确定他们的未来。终于有一天，装扮一新的谢玉英，结束了她闭门谢客的日子。从此，她将柳永深深埋在了心底。

或者有一天，她会遇到一个能够为她赎身的男子，她将跟随他去过完余生。情深似海也好，冷淡疏离也好，都是她自己的选择。她就这样退出了他的生命，天涯各路，后会无期。

柳永不是个无情人，他虽然浪漫多情，面对爱人却常常不懂得如何表达，也往往无法果断地做一个选择。

现实中，这样的性格在重要的时候总需要别人替他做出选择。最初的蕙娘如此，后来的虫娘若不是玉袖果断，还不知今后的缘分几何，如今的谢玉英，也是如此。

他想在悠悠的时光中缓缓兑现诺言，却不知岁月对女子的无情。当红颜渐老，美人迟暮，有哪个堕在风尘的佳人会不胆怯？又有哪个苦守诺言的女子会不慌乱呢？

后来柳永再没有收到谢玉英的来信，带着不好的预感，他去了当地寻她。隔着一扇窗，他就见到了人群中最为明丽的那个女子。巧笑倩兮，美目盼兮，座中的客人正与她欢饮，她还是那样美，只是眼神中多了抹淡淡的忧伤。他站在原地好久，终是转身悄悄离去。

他知道让她苦苦等待，是自己对不住她，但受伤的心情无法自抑。烟花之地已不是他能久留之处，却怎样都无法加快步伐。在还未出门的时候，他随手拿起一支笔写下了这首《击梧桐·香靥深深》：

> 香靥深深，姿姿媚媚，雅格奇容天与。自识伊来，便好看承，会得妖娆心素。临歧再约同欢，定是都把平生相许。又恐恩情，易破难成，未免千般思虑。
>
> 近日书来，寒暄而已，苦没切切言语。便认得、听人教当，拟把前言轻负。见说兰台宋玉，多才多艺

善词赋。试与问、朝朝暮暮。行云何处去。

——《击梧桐·香靥深深》

柳永写这首词的时候，从相识到相爱，从相爱到分离，他和谢玉英的这段感情，如过电影般地在脑中闪过。笔端的每一个字，都是两个人走过的路，成了他心上抹不去的斑痕。

这是一个失恋男子对逝去的爱所做的最后祭奠，写完这首词，他们从此就各自零落在了茫茫人海。

许多年后，有一个叫晏几道的男子，也因寻不到曾经的爱人，写下了"落花犹在，香屏空掩，人面知何处"。世间的终成眷属大体相同，其实爱而不得也同样类似。往事般般，终须告别。

在这里，柳永在意的并非谢玉英开门迎客的事实。他是那样了解她们的不易，对此他只会心痛，却不会愤怒。

这世间，总有相爱的人不能相守，这是柳永生命中最后一段刻骨的爱恋。那个痴情又决然的女子，放弃了折磨人的执念，以离别相忘做了告终。

也许是人们觉得这段爱情故事太悲哀，也许是当事人情缘未了。据传，在柳永离去后，谢玉英看到墙上的这首《击梧桐·香靥深深》后，前尘往事如潮水般涌上了她的心头。懊悔痛苦的她倾尽所有为自己赎了身，然后背上行囊去寻找已调往京城的柳永。

最后，她终于在汴京城找到了柳永。那天，他心有疑虑地去寻她，今日，她义无反顾地来到他身边。余生，白首相依，朝朝暮暮。

　　这个美好的结局是否存在，早已不再重要，这是他和她之间流传了千年不休的故事。它兜兜转转，穿过了岁月的长河，流进了无数红尘男女的心底，触动着他们的相思闲愁。

抚民清净畅平生

　　柳永离开谢玉英后到余杭上任了。县令一职官虽不大，但却管辖治理一方水土，是当地的父母官。

　　柳永初次担任这样的职务，也有几分期盼和激动。到了余杭安顿下来，就全身心地投入到了工作中。

　　余杭下辖十四个乡，初到任的柳永绝不是做做样子。他带领着随从日日奔波在外，一个多月的时间，就巡访完了所有的乡镇。

　　每到一地，无论是冤情错狱的百姓苦楚，还是欺行霸市的恶霸行为，他都事无巨细地去解决。不出一个月，勤政廉洁的美名已经传遍了整个余杭县，柳永感到了另一种意义上的满足，这种感觉前所未有。

　　在古代，除了朱门高户和官宦豪绅中人，还有要考取功名的文人士子，普通老百姓大多数都没有进过学堂。而无论是皇帝还是为官者，都很少有人去主张百姓学文化。柳永却不一样，在这一点上，他有着超乎常人的远见。

> 父母养其子而不教，是不爱其子也；虽教而不严，
> 是亦不爱其子也。父母教而不学，是子不爱其身也；
> 虽学而不勤，是亦不爱其身也。是故养子必教，教则
> 必严，严则必勤，勤则必成。学，则庶人之子为公卿；
> 不学，则公卿之子为庶人。
>
> ——《劝学文》

为了鼓励百姓重视读书，激励他们将孩子送入学堂，柳永写下了这首《劝学文》。整首词一改他往日才情卓绝的风格，简单通俗又句句精练到位地阐述了为何要读书的道理。

他认为，即便是平常百姓，也应该有些文化。有了文化，人的思想意识会更有层次。一个人自小读书，如果对精进学问有天赋和勤勉的动力，那么就算出身平民也可能会通过科举走入庙堂，成为公卿；如果放弃读书，公卿之子也会因为不学无术、近乎白丁而成为庶民。

既然是鼓励百姓们重视教育的诗，那就要让人们都知晓才好，于是余杭的街道巷陌都贴上了这篇《劝学文》。过了不久，平民家的孩子入学率果然增长了不少。

秀美的余杭县有一项特产是藤纸。这是一种用藤皮制造的江浙一带的名纸，因其质地优良而成为进贡之物。

身为父母官的柳永前去考察，仔细追踪了造出藤纸的整个流程后，深深感叹纸民的辛苦不易。他暗下决心，一定要做个好官，为当地百姓多谋福祉。

　　如果没有走上这条路，大概许多人都不会相信，多情不羁，受烟花女子崇拜追捧的柳永，做了官后竟如此勤勉清正。

　　人是个矛盾体，但喜欢酒色玩乐的人大体不会太勤于政事，如果不昏聩荒诞，已算万幸。可柳永偏偏就是个另类，浪漫风流是他，清明廉政也是他。并且他绝非初入仕途的一时兴起，在他的整个为宦生涯中，他都一直这样走下去。

　　骤雨新霁。荡原野、清如洗。断霞散彩，残阳倒影，天外云峰，数朵相倚。露荷烟芰满池塘，见次第、几番红翠。当是时、河朔飞觞，避炎蒸，想风流堪继。

　　晚来高树清风起。动帘幕、生秋气。画楼昼寂，兰堂夜静，舞艳歌姝，渐任罗绮。讼闲时泰足风情，便争奈、雅歌都废。省教成、几阕清歌，尽新声，好尊前重理。

　　——《玉山枕·骤雨新霁》

　　江南夏天的雨后，天空如碧，原野如洗。黄昏来临的时候，云海相倚，满池塘的荷花盛放，红绿相协，装点着本就令人沉醉的余杭。清新舒旷和姹紫嫣红相得益彰，不觉就勾起了久违的闲情逸致。

　　于是当夜色降临，便邀了盛装的歌伎舞伎前来欢宴助兴。忙碌的日子里，柳永已经很久没有这般放松了。不过如今，他也只是远远地听曲观舞，再也不能像从前那样与佳人对坐酌饮，更不能到夜深时与心动的红颜相拥入帐了。

　　一句"讼闲时泰足风情，便争奈、雅歌都废"，既有他对自己的肯定，也有对人生喜好不能两全的遗憾。

　　做父母官的这段日子，柳永积极查访民间疾苦，并高效地给出解决办法，有冤假错案的，都重新查判。一时间整个余杭充满了清风正气之感，百姓安居乐业，一派祥和，人人为有这样一位好官而赞不绝口。

　　这样的成就感是柳永从未体会过的，年少成名时未有，词满天下时未有，被无数风月里的绝色女子倾慕时未曾有，甚至一朝中第欣喜若狂时也未曾有。大概这就是有心怀天下之志的人们所追求的自我价值吧。

　　月上枝头，疏影横斜，夜风有些微凉，秋意已渐渐走近。惬意地饮下几杯，浮起几缕醉意，已经许久没有沉醉在歌与词的世界里了，那是他卓然于众人的才华。只见他走近专心吟唱的歌伎，亲自教授她如何将这新词唱得情与歌完美融合，如何将歌唱到人的心里。

　　教授歌伎曾经是柳永最习以为常的事。而今，只有在这夜深人静的宅邸庭院内，在片刻的闲暇微醺后，方有机会给高歌的女子指点一二。

人间疾苦思悠悠

柳永在余杭的政绩有目共睹，地方虽小，但处处一派政通人和之象。于是有人提议在城中建一座观景楼，既可供人们游赏，又能显出余杭欣欣向荣。柳永一听，觉得颇有道理，很快就定下了建楼的事。

观景楼建成之日，城中官民一片欢腾。在众人的提议下，柳永将其命名为"玩江楼"。

从此玩江楼伫立在美丽的余杭，淡看潮来潮去，静等春去秋来。令人没想到的是，从此楼还流传出一个关于柳永的风流故事。

这个故事出自彭大翼的《山堂肆考》，故事是说柳永在 25 岁时调任余杭，在江边建成玩江楼。当时城中有一位名妓名曰周月仙，柳永常常邀她至楼上宴饮歌唱。

周月仙美貌绝伦，柳永想与她有肌肤之亲。奈何月仙卖艺不卖身，抗拒不从，于是柳永授意摆渡人将搭船的月仙玷污。事后女子悲伤万分，吟出了"自叹身为妓，遭淫不敢言。扁舟明月渡，懒上载花船”的诗句。

次日，柳永在玩江楼上再次设宴。他将摆渡人也召至楼上，等月仙到后，摆渡人吟出了月仙受辱后所吟出的那首诗。月仙羞愧得无地自容，只得顺从了他，柳永大喜，但从此声誉不佳。

在这个故事里，柳永被刻画成了一个好色自私且阴险狡诈的人物。如果不了解他的生平经历，单从他的风流多情出发，很有可能以为这是真的。

若是明白他对青楼女子同情尊重的态度，了解他以解决百姓疾苦为己任的为官作风，那就可以肯定地说，此等无耻龌龊的事，柳永是无论如何也做不出来的。

何况故事中的柳永25岁就做了余杭县令，这与他真实的入仕时间相去甚远。加之宋朝明令禁止携妻的朝廷命官与烟花女子亲近，他又怎么会冒着搭上仕途的风险，去做这种伤天害理的事呢？凡此种种，都足以证明这个故事是杜撰的。

所以在冯梦龙的《喻世明言》里，这个故事就有了另一种版本。

话说大宋才子柳永到余杭任县令时，当地有一名妓周月仙。此女子与一位姓黄的秀才彼此相爱，常常渡船去与之相会。

同县有一刘二员外，一直觊觎周月仙，想与她欢好，但月仙执意不肯，于是刘二员外就想到了上一个版本中柳永的那个办法，以至于月仙因羞愤不得不委身于他。

后来柳永到此任上后，听说了月仙被刘二员外霸占的事。他当即找来老鸨，出资为女子赎了身，做主让她与黄秀才成婚。

最终有情人终成眷属，成为一段佳话。

这个版本中的柳永，颠覆了前一个版本的恶人形象，从现实环境和柳永的品行来看，这个版本才是符合逻辑的。不过这并不能说明这个故事就是真实的，很可能也仅仅是话本中杜撰的故事。

柳永到余杭的第二年，景祐三年（1036），朝廷又下了调令，任他为浙江定海晓峰盐场盐监。

在余杭虽然只待了一年，但柳永初次尝到了地方官员对百姓民生的直接影响，第一次感受到了被平民百姓拥护的骄傲。投入的多了，感情自然也就深了。这一纸调令，又添了几分离别的伤感。

伤感归伤感，做完交接后，柳永就带着家眷去往定海，不几日便到了目的地。

走马上任的柳永，第一件事就是去实地考察盐场。亲力亲为，到百姓中查访，这是他一向的为官作风。

这样的作风，对于一个好风月、喜风雅的才子来说，的确实属难得。所以柳永才是柳永，他的感情和追求，一直以矛盾而又强烈的方式彼此融合着。

考察盐场的时候，柳永让劳作的百姓们像平日里一样继续工作。他带着随从开始细细考察，当看到盐民们大多面黄肌瘦，他不禁心里"咯噔"一下，看来盐民们的日子并不轻松富裕。

他去了每一道程序的场地，并且暗暗记在心里。一天下来，酷烈的阳光下，盐民们个个汗流浃背，实在是一份苦力加技术的活计。

等日薄西山，柳永和随从也累得够呛。看盐民们结束了一天的辛苦劳作，柳永便和他们攀谈起来，主要目的是打听他们的生活水平。说到这个话题，盐民们七嘴八舌地争相说了起来，柳永让他们少安毋躁，慢慢说来。

原来，每年的春夏两季是聚集盐卤制成咸盐的艰苦过程。在此期间，盐民们没有收入，只有靠借贷过生活。

等到好不容易咸盐制成，官府低价收走，劳作的百姓们又要还此前的私债，同时还要交赋税。在新税旧债的压力下，只能勉强糊口，没有债务已算不错了，哪里还能过上富裕的生活呢？

这与柳永预想的相差甚远，一想到盐民们付出了辛苦却换不来丰衣足食的生活，他深深地同情他们。可这件事不同于其他，对盐民的政策是朝廷制度所定，他只是一介小小的官吏，如何上奏此事呢？到时候上书不被采纳，还有可能被弹劾治罪，思前想后，依然觉得对此事无能为力。

回到家中，兰嬛和虫娘见柳永很惆怅的样子，以为遇到了不顺心的事，试探着打听了几句。

"唉！"柳永叹了一声，将去考察盐场的所见所闻告诉了她们，她们听后也是唏嘘不已，只叹息摇头。可此事和朝廷制度息息相关，所以她们不敢多妄议什么，以免祸从口出。

少顷，虫娘将纸笔端到了柳永面前。她莞尔道："七郎心里有苦，便写诗填词罢。"

柳永稍作沉思，笔端一阵挥舞，最后将笔煞有气势地掷到一边，也不做任何欣赏，头也不回地出门了。兰嬆和虫娘心知他是心事无从排遣，也不再去追问。二人一起看起了夫君的新作，只见是一首结构井然的《鬻海歌》：

鬻海之民何所营？妇无蚕织夫无耕。衣食之源太寥落，
牢盆鬻就汝输征。年年春夏潮盈浦，潮退刮泥成岛屿。
风干日曝咸味加，始灌潮波增成卤。卤浓盐淡未得闲，
采樵深入无穷山。豹踪虎迹不敢避，朝阳出去夕阳还。
船载肩擎未遑歇，投入巨灶炎炎热。晨烧暮烁堆积高，
才得波涛变成雪。自从潴卤至飞霜，无非假贷充糇粮。
秤入官中得微直，一缗往往十缗偿。周而复始无休息，
官租未了私租逼。驱妻逐子课工程，虽作人形俱菜色。
鬻海之民何苦辛，安得母富子不贫？本朝一物不失所，
愿广皇仁到海滨。甲兵净洗征轮辍，君有余财罢盐铁。
太平相业尔惟盐，化作夏商周时节。

——《鬻海歌》

这首七言古诗是柳永为底层劳苦百姓呐喊的一首佳作。在诗中，他将盐民从劳作到丰收的艰辛，以及受私债官租所逼迫而遭遇的苦难，生动形象地做了描述。而在最后，他深切地呼吁恳请朝廷免去盐民的赋税，以诗的形式行奏章之用意。

他没有直言上奏此事的能力，便希望自己的政治愿望能通

过这首诗上达天听，引起皇帝的注意考量。

他希望自己的诗作能传遍天下，传到京城。这样的为民之心，在官宦群体中，也是难得的。

这件事的结果不得而知，也未在史料中留下明显的痕迹，然而柳永为民谋福祉的治世之心却令人感动。这样的人，本该早日入仕，也应步步高升。官位越高，所起的效力就越大，那将是百姓的福气了。

可是命运是件很难说清的事，柳永的仕途却充满了无奈和荆棘。之后，他受到皇帝短暂的青睐，从此跌入低谷。仁宗是历史上有名的仁君，柳永却无法得到他的包容谅解。

今天，舟山群岛建成的柳永文化广场，代表着当地后世对他的纪念。虽未达权臣名宦，但有如此多的传世佳作流芳百世，有为官时的美名传扬，也不枉才子词人在这人间走一遭了。

第五章

仕宦浮沉归萧索

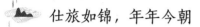
仕旅如锦，年年今朝

在晓峰盐场任满一年后，柳永又被调往泗州（今属安徽宿州）任判官。无论山南水北，还是天遥地远，这是为官的代价。

柳永对此很愿意，他再次收拾行囊准备踏上宦游之路。不过这个时候，他已经五十四岁，身体的病痛越来越严重，这是令他颇为痛苦的事，也让兰嬺和虫娘十分犯愁。

他所患并非具体的病症，而是抵抗力低下，常常很容易就感染了风寒抑或肠胃不适，一连几天难有力气办公。

他不得不拖着虚弱的身体带着一家人走水路去泗州，这天傍晚，船停在了楚江岸边。江水茫茫，暮霭深深，秋林瑟瑟，一群大雁被惊起，城中传来了传报黄昏的画角声，接着响起了婉转哀怨的胡笳之音。

置身在如此淡渺悠远的环境中，不经意就想起了过去，忆起经过的喧嚣浮世，毫无征兆地就怀念起汴京了。

他已经许久没有怀乡的感觉了，一来政务繁忙，二来成为宦海一员是他多年的夙愿。许是近来身体每况愈下，面对苍茫萧瑟的异乡风物，京城故地，往昔佳人，都闯入了他的心扉。

> 一叶扁舟轻帆卷。暂泊楚江南岸。孤城暮角，引胡笳怨。水茫茫，平沙雁，旋惊散。烟敛寒林簇，画屏展。天际遥山小，黛眉浅。
>
> 旧赏轻抛，到此成游宦。觉客程劳，年光晚。异乡风物，忍萧索、当愁眼。帝城赊，秦楼阻，旅魂乱。芳草连空阔，残照满。佳人无消息，断云远。
>
> ——《迷神引·一叶扁舟轻帆卷》

当船停泊在江边，满目的夕阳下，山河展露着萧索，芳草伸展到天边。秋天的江水和山川，是柳永最喜着墨的类型。面对萧疏的秋景，他总能写出许多词人大家遥不可及的意境，这首《迷神引·一叶扁舟轻帆卷》莫不如是。

柳永立在船头吟词，虫娘已拿出纸笔快速记录下来了。等写罢再吟，夫人兰嫣直道："好词，好词。"他们一起望着落日晚霞，夕阳如血，大片的云掠过，眼前的山河疏淡而壮阔。可柳永不能长时间吹风，很快便回到了船中。

由于饱受病痛的拖累，在调任泗州的这一年，柳三变改名为"柳永"，字景庄改为"耆卿"。意为身体康健，福泽绵长。

在古代，柳永算是长寿之人。无论此次改名有没有起到明显的作用，相信经过调理医治，他的身体必然得到了恢复，否则是不会活到古稀之年，并且为宦多年了。

到了泗州，柳永拜见了当时的知州张侯。二人见面后也算谈得来，他心里便没有了包袱，很快适应了新角色。

除了本职工作，还有一件事是柳永必须要考虑的，那就是改官这件大事。

依照宋朝官制，选人需经"三任六考"，方能考察是否可以改官。到了柳永这里，怎么才三年就可以改官了呢？

"三任六考"的制度的确早在二十多年前就已经制定，但是具体的施行其实和朝廷官员的数量密切相关。如果当时京朝官员的数量不够用，再继续严格执行"三任六考"，使京朝官员的空缺无法补足，显然是不现实的。反过来，如果京朝官员没有缺位甚至还出现了冗余，那么此时的改官制度必然会严格按照官制执行。

当时柳永恰逢京朝官员有缺漏，于是早日改官的幸运降临到了他的身上。

宋时按制改官，需要三位举主，三位中必有一位是监司，也就是漕司、帅司、宪司的长官。所谓改官前的准备，主要是找好举主，举主的作用是为准备改官的参选人写荐书。而能否改官成功，荐书就是其中最为重要的环节之一。

荐书重要，但不意味着可以虚写。因荐书要交给吏部考量甄别，一旦发现所写与事实不符，举主和参选人都要受到惩罚。

此事虽要精心准备，但自柳永入仕后，与所经上司关系都很融洽，有的还对他欣赏有加，比如在睦州时的吕蔚。同时他政绩斐然，以勤政亲民的作风甚得民心，所以荐书上的内容更不是难题。

到任泗州的同年年底，景祐四年（1037），柳永带着随从老木前往汴京改官。

经过一段时间的调养，柳永的身体已经好转了许多。启程的时候，心情还是不由得紧张起来，他未来的仕途如何，就看能否越过改官的这道坎了。

柳永想起了自己的父亲在宋十三年，因久未改官而悲愁消沉，直到"叫阍上书"改官成功了，才跳出了久沉下僚的困境。

这样的经历，让柳永对改官的意义有着切身体会。他本是个洒脱之人，却很怕这件事，怕自己首次失败后，会陷入在科场屡试不第的怪圈。如果那样，他哪里还有时间去消耗许多年呢，万一终生不得改官，他无法想象如何面对残酷的现实。

老木跟随柳永多年，看他一路上心事重重，也明白他的几分心思。于是只默默侍奉他的日常起居，不让其他事去打扰他。

寒冬里赶路是件折磨人的事。改官之事重大，路上又不敢多做停留。主仆二人就在寒风凉雪中奔波了千里，在新岁年关到了京城。

　　回到京中的宅邸，置办了一些食材和生活必需品，就准备过年节了。而入宫接受皇帝的改官考核，就要等年后通知了。

　　未知的事压在心头，柳永也没有心情过新岁，除了偶然参加了两次京中老友的酒宴，其他时候多是闭门不出。

　　执卷焚香，抚琴练字，他想用这些修身养性的方法，平复些许内心的忐忑，以便殿见皇帝时可以妥当地回答每一个问题。

　　新岁刚刚过去，柳永就接到了皇帝召见的通知。选人改官时的这次召见，相当于我们现在的面试，只是这个面试官的级别高得令人不得不生出畏惧之心，并且这次面试直接决定着改官能否成功。

　　皇帝对待考选人这件事，也不是随便看看，而是要通过选人的履历、荐书等方面进行详细询问。在这个过程中，如果皇帝看此选人的书面材料都很满意，但在问询过程中，得到了不满意的答案，那么此次改官基本就无望了。

　　了解了这些，也就明白柳永为何紧张了。一方面是改官的重要性，一方面是皇帝亲自审查这一关，对于不曾上朝的小官吏来说，的确是不小的心理压力。

　　入宫的这一天，是柳永永生难忘的一天，走过重重的宫门，他的心已经提到了嗓子眼儿。此时他竟有些后悔来参加改官，因为脑中一片空白，心中暗暗苦叫："待官家问询时，还不知会闹出什么笑话。"

　　走了很远，终于到了召见大臣的宫殿。果然气势恢宏，尽显皇家威仪，就连脚下的每一块石板砖，好像都拥有着世上无与伦比的尊贵。柳永看着眼前的殿宇暗叹："居于庙堂，忠君治世，这不就是自己终身追求的方向吗？"

他突然有些鄙视自己的心理素养。经过那么多的打击波折，经历了那么多的美好岁月，如今竟因要被天子询问就如此慌乱无措，怎么能实现自己的用世之心呢？

这样想着，慌乱的心竟一点点静了下来。很快地，已经到了殿前，等待召唤。

随着长长的召见声，他跨进了雄伟的殿门，这是他第一次离皇帝那样近。记得上次见到仁宗，还是在科举及第后的琼林宴上。但当时新科进士众多，他位列第三甲，座次自是靠后，只能远远地瞻望天颜罢了。

问询进行了很长时间，温文尔雅的仁宗使柳永内心更加平静了，他由先前的谨慎作答渐渐变为对答如流。

一番君臣之间你来我往的问答后，审查就正式结束了。柳永偷偷观察仁宗，见其威严中带着几分浅笑，且语气随和，心下安定了几分。他默默祈愿自己不是错觉，此次改官竟一次成功。

几天后，在柳永反复回想自己面君当日有无纰漏时，诏书已经到了家中。果然如他所愿，顺利改官为著作郎，差遣为西京陵台令兼永安知县。

人生的一件大事尘埃落定了，柳永的心像长了翅膀，轻飘飘就飞了起来。没有任何一个时候，他能如此理解当年父亲"叫阃上书"成功后的心情。

　　柳永很想让虫娘和兰嬺马上知道这件喜事。奈何山高水长，他只有按捺住激动的心情先去上任，再派人将她们接回。

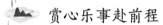 赏心乐事赴前程

就宋朝官制来说，柳永此次改官不仅是顺利的，而且已是越级提拔，这又是一个意外之喜。

著作郎是官职级别，也就是寄禄官，属于从七品，而西京陵台令则为从六品。相比大多数的选人改官后一般都会被授八九品京官，可见柳永是受到了仁宗的赏识破例提拔的。这样的经历，通常可以解释为前途不可限量的前兆。

何为西京陵台令呢？那是宋朝帝王的陵寝所在地，位于洛阳以东。柳永今后的职责就是管理帝王陵寝祭祀等一应事务，并且兼任陵墓所在地永安的知县。

带着新身份上任，柳永觉得处处都有不同的意味，已经调理得好了许多的身体，如今更觉得有使不完的劲儿。

远在泗州的妻儿自柳永离开后，每天都在焦急地等待消息，直到派去的人将好消息带回家中。兰嬷和虫娘本也因为柳永前期科举的遭遇而惴惴不安，没想到这一次却不同，她们等到了丈夫首次改官成功的好消息。

柳浣此时已经娶妻，如今也携妻随继母和姨娘迁往洛阳。他很快就要参加科举，此时回到离汴京城很近的地方生活，实属幸运。

赶了近一个月路，他们终于在三月初到了洛阳，这里将是他们安家的地方。宋朝时的官眷不是在故土守望，就需随官辗转各地，实属不易。

柳永早已等不及见到自己的妻儿。一家人见面后，彼此激动难抑，对未来的期待都在内心里翻腾。

兰嫣和虫娘感慨之间，都忍不住以绢拭泪。柳永忙道："莫哭，莫哭，怎么还惹出这许多的眼泪来。"虫娘道："一般的高兴是高兴，过分高兴的时候，可不就忍不住哭了。"一句话倒使他的眼眶也泛了红，前尘往事再次令自己深深感叹。

刚团聚了几日，柳永就收到了出判许州（今河南许昌）吕夷简的邀请，邀他陪同前去颍州（今属安徽阜阳）巡视。柳永感到疑惑，自己同吕夷简素无交集，怎么突然收到了这样的邀请函？心想是否为了同游时，好让自己作词助兴呢？

吕夷简可是此前两度做了宰相之人，此次是因获罪而再次被罢相。这样的朝廷重臣，柳永是不好揣测太多的，总归是要赴约的，倒不如带着游山玩水的心情赴约吧。

兰嫣听说了此事，倒是让他放心地去，想到这可是之前的宰相下的邀请帖，说不准对以后的前途还有帮助。柳永对妻子的想法笑言道："我倒未作他想，朝堂的形势说变就变，哪还能预料有没有好处，只是还有许多公务让我挂心。"

　　而虫娘就不一样了，知道柳永又要远行的消息后，情绪就低沉了下去。她终究是依赖柳永多些，加上古代婚姻中妾的地位低下。虽然这个家中，身为正妻的兰嬉对她不错，但柳永在的日子，在精神上她总归会畅快许多。

　　将虫娘稍作安抚后，柳永带着老木和两个护卫便上路了。有吕夷简这样的人物等待，一路上不敢有丝毫倦怠，也没有心思欣赏春景正盛的沿途风光，就匆匆忙忙地赶到了颍州。

　　此时颍州的知州是蔡齐，他是大中祥符八年（1015）的状元，从政多年颇有仁声，是柳永敬仰了多年的人物。

　　柳永到达目的地后，就赶忙去拜见了吕夷简和蔡齐，恰逢巡视的行程已经制定，只等人员到齐后就要开始。

　　吕夷简虽出判许州，但镇安军节度使和同平章事的职务还在那里，又两度担任宰相，地位比曾任过副宰相的蔡齐要高出一些。所以这一次，蔡齐也会陪伴左右巡视。

　　柳永依然不清楚自己到底为何而来，他看吕夷简是个风雅之人，也只能想到此行是和词有关了。

　　巡视在几天之后结束了，吕夷简和蔡齐虽然都是被贬之身，但丝毫没有消极避世的情绪，反而对民生政务之事很有兴致和见解。

　　这令柳永不禁暗暗敬佩，他一直以为屡试不第是最凄凉悲哀的事。可是如今看来，即便是居于一人之下万人之上的高位，也会有颠沛消沉的时候。他突然明白，人是在对抗中生活，只是在不同的位置，对抗的东西不同而已。

随着巡访的结束，吕夷简一行人的游玩兴致渐起。颍州是极有魅力的地方，碧波春水，鸟啼花红，盈盈的西湖水在风中微漾，浅浅地荡到了人的心房。

几年后，欧阳修也被贬到此地做太守，从此这里成了他平生最向往的地方。他为颍州西湖写下十首《采桑子》组词，写尽四季的美，写尽对它的喜爱。晚年致仕之后，欧阳修没有忘记心心念念之地，他在颍州伴着清寂淡远的西湖，度过了最后安宁闲适的时光。

所以当公干结束的一干人等开始游赏的时候，他们也沉醉在那花月山水之中，当美景以美酒相配，眼中的景致更多了许多妩媚。而柳永也被此中的湖光春色所折服，不必吕夷简提议，他已写下了一首词：

轻霭浮空，乱峰倒影，潋滟十里银塘。绕岸垂杨。红楼朱阁相望。芰荷香。双双戏、鸂鶒鸳鸯。乍雨过、兰芷汀洲，望中依约似潇湘。

风淡淡，水茫茫。动一片晴光。画舫相将。盈盈红粉清商。紫薇郎。修禊饮、且乐仙乡。更归去，遍历鎏坡凤沼，此景也难忘。

——《如鱼水·轻霭浮空》

柳永应当是喜欢雨后的景致，所以许多以景抒情的词中，赏景时间都在雨后，这首《如鱼水·轻霭浮空》也是如此。

　　春日湖光，潋滟无际，一场骤雨初歇，云淡风轻，碧水茫茫，感染着每个置身其中的人。美景给人的熏陶是最好的灵感，行云流水间，一首好词一蹴而就。吕夷简连声称赞，众人也皆是赞誉有加。

　　这不仅是首情景交融的好词，还是一首投献词，词中很明确地写出了所投献的人正是吕夷简。

　　词中下阕中的"紫薇郎"是指中书侍郎，"銮坡凤沼"意指翰林院和中书省，也就是说所赠之主应是在翰林院和中书省都担任过职务的人。经过综合分析，便是吕夷简无疑了。

　　雨后的颍州西湖在柳永的笔下被赋予了卓然的风采，只是投献之语过于耿直，将吕夷简被贬的遭遇以及早日回到庙堂中枢的愿景都写在了其中。说到痛处的写法是有几分风险的，可柳永本就不喜去揣测人心，吕夷简也对此并不在意，反而词末的美好期望，深得他心。

　　绝美的湖景，众人的称赞，激起了柳永创作的热情。他的心情也如美景一般经过一场雨后了无尘埃，提笔挥墨又作下一首好词。

　　　渐觉芳郊明媚，夜来膏雨，一洒尘埃。满目浅桃深杏，露染风裁。银塘静、鱼鳞簟展，烟岫翠、龟甲屏开。殷晴雷，云中鼓吹，游遍蓬莱。

　　　徘徊。隼旟前后，三千珠履，十二金钗。雅俗熙熙，下车成宴尽春台。好雍容、东山妓女，堪笑傲、北海尊罍。

且追陪，凤池归去，那更重来。

——《玉蝴蝶·渐觉芳郊明媚》

这首《玉蝴蝶·渐觉芳郊明媚》，与前一首《如鱼水·轻霭浮空》的表达内容很相似。雨后初晴，浅桃深杏，远处的山峰如碧屏，近前的水波如竹席。入画的美景，难逢的盛宴，令在场的每一个人为之心折，为之醉卧。

同样是在词的词尾，表现出了投献词的特征。而下阕中前呼后拥、莺燕相随的场面，更为自然地承接了词尾柳永对吕夷简的崇拜。

每个人推崇的人，一定是自己希望成为的人。柳永自读书起就有着远大的理想，指点江山，兼济天下，可以披荆斩棘，但求不要无为。

整个颍州之旅几乎没有闲暇的时候，也未曾有丝毫的不快，柳永由最初的勉为其难，转变为惬意的享受。时光也变得极快起来，自从做了官，已经很久没有这样游赏放松了。

可是很快，这场颍州之行就结束了。他的心情又紧张起来了，回到西京，还有许多工作等着开展，于是带着几分焦灼，和几位随从打道回府了。

在越发热闹的春意里，柳永带着颍州之行的愉悦回到了洛阳。刚到家中，一个消息就打散了他的好心情，儿子柳涚科举落榜了。

这个消息足以令全家沉闷不已，柳永更是消沉了好几天。

其实他消沉的不是柳况的落第，与其说是生气失望，倒不如说是害怕。他害怕柳况步他的后尘。如果再残酷一些，万一到暮年时候都无法登第，他实在不敢细想到那时柳况的痛苦程度。

再转念一想，自己尚且奔赴考场六次，有什么资格去批评柳况呢？如果影响了他之后的应试心态，那才是真正的麻烦。他是考场中摸爬滚打过来的人，那些无奈痛楚，失望迷茫，他全数知悉。于是便嘱咐兰嫣和虫娘多多开解柳况。这是他的心结，虽然他最终克服了，但始终无法完全走出那些阴影。

他从来没有要求儿子首考就能榜上有名，然而当第一次失败的现实摆在了面前，他却无法控制地去想象未来的事。

结束这种恐慌心理最好的方法，就是某天柳况高中的好消息。可什么时候会等到这个消息，谁都没有把握，解忧的药，成了无解的事。

良辰美景，浩气清风

　　柳况落榜的阴霾虽然萦绕柳永心头多日，但勤政的作风不会变。回到洛阳永安之后，他很快就全身心地投入到了政事中。

　　深入当地百姓间巡访，是柳永从政时必须要做的一个环节，如今到了这里，依然如此。当他来到了平民中才知道，此地已是民怨深积。

　　由于永安县是皇家陵区所在之处，所以朝廷也给予了当地百姓优待的政策。皇陵需要的地方很大，自然是要占去土地，朝廷规定，愿意将土地卖出的，就将土地卖给朝廷，不愿意卖地的，朝廷会根据原本拥有土地的多少，分给公田。

　　在此基础上，皇帝又免去了被占土地平民的徭役和税收，并且让这些农户为皇家种植修整柏树以代替徭役。而这样的农户，也有一个特定的称谓——柏子户。

　　这项政策的出发点是好的，既解决了皇陵绿植的需求和整理问题，对柏子户也有很大的好处。讽刺的是，永安县民怨四起的群体，正是受朝廷恩惠的柏子户们。

看到这样的结果，柳永有些惊讶，等他知道了前因后果，已是满心愤怒。

原来朝廷对柏子户的优待，令有些富户十分垂涎，于是他们想办法去强占柏子户的户籍，为的就是免去徭役和赋税。

如此一来，真正的柏子户都变得穷困潦倒，生活艰难到难以为继。柏子户的户籍被夺，那些得逞的富户对待陵区的事务，通常只是停留在雇人应付一通，以掩饰自己强取顶替柏子户的层面，这也导致陵区的绿植荒杂无序，环境堪忧。

愤怒中的柳永在接下来的几天里，不停地走访真正的柏子户，所到家家户户皆是一部血泪史。越走访下去，他要彻底铲除这股歪风，改变被剥削强占的农户们现状的决心就越大。

他一边巡访，一边吩咐身边执笔的人，将农户和实施剥削行为的富户信息都一一做好记录，尤其是强占柏子户户籍的年月和事件的来龙去脉。同时，他已经派人私下去调查核实柏子户所说的是否属实。等所有的巡查结束，他已经想好了如何解决此事。

对于这种剥削百姓的事，柳永深知要采取铁腕手段。

等做完了所有前期的调查工作，这日，他将所有冒名顶替柏子户户籍的富户都召集到了衙门。他要用强硬的手段来解决这件棘手的事。

等富户们到了衙门，柳永差手下将最新公文公布。内容就是取消冒名顶替的富户们的柏子户户籍，恢复原来农户们的柏子户户籍，并且对这些富户给予钱财上的处罚，而罚金则补偿给受到剥削的农户。

富户们没想到新知县刚走马上任，就烧了这么一把旺火，整个人群都炸开了锅。这件事牵扯的可是长久利益，霎时一副谁都不妥协的样子。

柳永和县衙的诸人早已料想到会是这等情景，他拿起惊堂木用力拍下去，人群这才安静下来。只听他高声道："这柏子户是官家亲赐，你们大胆，居然也敢顶替。如今收回冒名者，处以罚金，已经是网开一面，是想给你们一次改过的机会。若是还有执迷不悟的，本官只有秉公执法，全都收监法办。"

话要说完时，因为愤慨，他不禁提高了声调。

富户们早已不见了先前的喧闹，个个垂头丧气，不敢出声。这时人群里有很小的声音传出："大人，我认罚，认罚……请千万别治罪啊。"接着七嘴八舌的声音传来，都是无奈中接受处罚的声音，柳永的嘴角渐渐弯起了弧度，一件大事就这样解决了。

初来乍到的柳永，因为雷厉风行地为柏子户主持了公道，做主返还了本该属于他们的东西，又补偿了他们过去所受的损失，一时名声大噪。而那些受到损失的富户虽然多有不服，但碰上这样清廉正直的父母官，也着实没有办法，只有服从，生怕被拿去治罪。

除了柏子户的问题，还有一个问题是柳永职权内无法解决的。

此地柏子户不必纳税，而太常寺常把一些花销转嫁给县衙，县衙又分摊给非柏子户的纳税百姓。这样实施下来，当地百姓的赋税竟多于其他地方，不仅没有享受到皇陵所在地的优待，反而加重了经济负担。

面对这样的情形，以往的知县只是装作没有看到，甘愿让百姓为太常寺买单，柳永却不会如此做。

于是等柏子户的事情全部解决后，他马上上书请求朝廷下诏，规定太常寺该负责的花费此后全由太常寺自己负担，不得再转向县衙。此外上书中还建议免去永安县县民三年赋税，用以调养过去常年高赋税带来的压力。

幸运的是，朝廷批准了柳永上书中的奏言。这件利好的事，面向的是除柏子户之外的所有县民，自然也包括受到处罚的富户们。至此，全县百姓无论贫富，都对柳永赞不绝口，敬重有加。

深得民心的才子词人，心有慰藉欢欣，但并不骄傲自满。因为在他看来，他只是做了该做的事。

无论是父亲的影响也好，还是前辈王禹偁的教导也好，总之，做一个好官的品性很早就刻在了他的骨血里。他有入仕升官的理想，却不是为了贪享荣华，他需要一个位置去实现治世的愿望。走到哪里，就为百姓竭尽全力，父亲如此，王禹偁如此，如今他亦如此。

忙于政务的柳永，是否彻底不再流连烟花巷陌，不再向往风花雪月呢？浪漫多情是他的性格之一，他并不会因为生活重心的改变而全部忘记。在一次去汴京公干时，他就偷偷与曾经的红粉知己相会了。

由于洛阳距离汴京很近，加之皇室陵区的公务，柳永有了偶尔去京城的机会。

自从为官以来，他就与那些青楼女子几乎断了联系。碍于身份的制约，虽有情意的牵挂，却不能再随意交往了。

不过，这并不意味着那些美丽的女子将过往对他的情意和崇拜就搁浅在了时光里。每逢年节，他总能收到她们传来的诗信，寥寥数语间，是令他回味悠长的情思。当某一次在汴京处理公事的时候，柳永就借机偷偷去看望与他长情不绝的一位烟花女子。

匆匆相见，懊恼恩情太薄。霎时云雨人抛却。教我行思坐想，肌肤如削。恨只恨、相违旧约。

相思成病，那更潇潇雨落。断肠人在阑干角。山远水远人远，音信难托。这滋味、黄昏又恶。

——《凤凰阁·匆匆相见》

这首《凤凰阁·匆匆相见》很明显是柳永在不方便的情况下，与风月女子匆匆相聚后所写。

词中所写相思又不能见的苦楚，无非就是入仕后受制度约束的无奈了。相思难见，云雨相欢，此后又是鱼雁难通，再做回那相会无期的断肠人。

整首词写得直白露骨，绵绵的相思没有尽头，难得一见也并非光明正大。春宵一别后，各自恢复了平日的生活，将这份情感深藏在心底某处。在寂静的深夜，悄声拿出，暗暗追忆，浊酒入肠，抱影无眠。

不知柳永在匆匆离开后，还与这位女子有无再见，若有机会，大抵他会欣然相赴的。

此时他为官尚且不足十年，过去有情思缠绕的那些女子也还在风尘繁华间度日。但终有一天，她们中的多数也会为自己寻条出路，等到脱籍从良，为妻为妾，便只能封存这份过去的爱恋了。细细想来，也不由得令人叹息，尘间多少知音，终归逃不过相继离散，投入在生计的奔波中和情爱的一场场轮回里。

在洛阳永安任职三年后，以宋朝寄禄官每三年一转官的官制，柳永到了转官的时候。庆历元年（1041），柳永由著作郎转官为太常博士，回京中差遣上任。

至于差遣的具体职务，结合柳永关乎礼乐的颂圣词多作于这一时期，所以推断是在太常寺任职。

太常寺是古代掌管国家礼乐的最高机构，柳永又很精通音律。他此前又在永安掌管皇陵之事，太常寺对陵寝诸事本就有管辖之权，被差遣到这里也很符合常理。

这次转官得到的差遣，使柳永打心眼儿里高兴。不仅因为他的特长很适合在太常寺工作，还因为在天子脚下任职，是今后仕途通达的必经之路。他怀着无限的憧憬期望，携着家眷回到汴京家中，重新开始了另一段与此前截然不同的仕途之旅。

帝里风光好，君王初赏识

离开了治理一方水土的职位，走进了京城中代表国家最高机构的其中一个系统，柳永感到既新鲜又熟悉。随着官位升迁，他离理想中的仕宦愿景又近了一步。他的追求，也由做所辖之地的好官变为能早日入朝治国安民。

对柳永来说，汴京不仅是第二故乡，这里还承载着他与美丽的烟花女子之间几乎所有的渊源。想到此前还利用进京公干的机会而偷偷相会，如今真正回来了，身为京官却更要谨言慎行了。

这天，他在喧闹的街头闲逛，皎洁的月光洒满了整个都城。兰灯画楼，胭脂锦绣，装点着美丽的城市。

当路过熟悉的平康街巷时，悠婉的歌声传进了耳中，柳永抬头望去，楼阁上的烛光正荧荧闪烁着，往罗绮丛中看去时，依稀还能看到曾经的知音女子。当女子也在人群中看到他时，巧笑嫣然地有意迎他，可他如今有约束在身，是不可以接受她相迎的心意了。

这样的插曲，柳永表面不动声色，但内心早已感慨万千。回到家中，他想将这一切诉之。诉与谁呢？只有倾诉给桌案上的一方纸砚了。

> 画鼓喧街，兰灯满市，皎月初照严城。清都绛阙
> 夜景，风传银箭，露暖金茎，巷陌纵横。过平康款辔，
> 缓听歌声。凤烛荧荧。那人家、未掩香屏。
>
> 向罗绮丛中，认得依稀旧日，雅态轻盈。娇波艳冶，
> 巧笑依然，有意相迎。墙头马上，漫迟留、难写深诚。
> 又岂知、名宦拘检，年来减尽风情。
>
> ——《长相思·画鼓喧街》

即使偶然路过，也足以勾起他思想的波动，在平康坊中吟词奏曲的闲情逸致，已经成了遥远的记忆。

这首《长相思·画鼓喧街》将这整个过程娓娓道来，如电影镜头般一一生动掠过。一句"名宦拘检"道出了他回京差遣的职位不低，也道出了他身为官宦被约束管制的无奈。

必须要承认的是，柳永的确是喜欢在歌楼酒肆间潇洒的才子，也是甘愿在红粉佳人中深情的词人。他不是个正统古板的学究官吏，也不是个一生眼里只有一人的痴人。

为官清正影响不了他的浪漫和恣意，拼力追索仕宦也无关他多情的情感世界。矛盾如他，做到了无愧于每一个职位，做到了让每一个为他倾心的女子都痴心无悔，甚至令有的女子甘

愿远远相望，遥遥钟情。

入仕多年，他也并非没有改变，基于制度下的被迫改变，使他远离了倚红偎翠，疏离了笙歌燕舞。然而游离之外，他并未真正停止对软香红袖的流连。当他闲坐在簌簌流过的光阴里，常会忍不住回首，末了轻轻低叹。

如果说这样的怅惘遗憾是低调无声的话，那么单纯对京城繁华的描写就高调了许多。这点从柳永词中同样可以了解到。

露花倒影，烟芜蘸碧，灵沼波暖。金柳摇风树树，系彩舫龙舟遥岸。千步虹桥，参差雁齿，直趋水殿。绕金堤，曼衍鱼龙戏，簇娇春罗绮，喧天丝管。霁色荣光，望中似睹，蓬莱清浅。

时见。凤辇宸游，鸾觞禊饮，临翠水、开镐宴。两两轻舠飞画楫，竞夺锦标霞烂。馨欢娱，歌《鱼藻》，徘徊宛转。别有盈盈游女，各委明珠，争收翠羽，相将归远。渐觉云海沈沈，洞天日晚。

——《破阵乐·露花倒影》

《破阵乐·露花倒影》是柳永入京任职后所作，是柳词里都市风光类的代表作。宋朝时，每年的三月一日开始，是君臣士庶一同游赏汴京金明池的日子，每逢那时花团锦簇，游人如织。

这被称为禊饮宴的盛会上，最重要的项目就是赛龙舟。在春光灿烂、歌舞欢腾的美好日子里，皇帝与民同乐的情景和龙舟竞技的宏大场面，将金明池的盛事推向了高潮。

写意喧嚣热闹的背后，是对君王的仰慕赞美。从明媚春光到盛宴的场景，柳永将其描绘得如此自然而绚丽，想必当时心中定是激荡一番的。

这禊饮宴的置办，属于太常寺职能范围之内，又是每年最为耗费人力的事务之一，柳永也须参与其中的忙碌。当所有的成果在这一天展现在皇帝和城民面前的时候，他感到无比骄傲。而词中的每一个字都将他细微的观察和激动的情绪表露无遗，遂成就这一名篇。

这一天可谓全城出动，万人欢腾，兰嬅和虫娘带了两个侍婢也去参加了。可到了地方，柳永却顾不了她们，当有人提议柳永成词一首时，他一笔到底地挥洒开来。

当写成的词被呈于御前，仁宗看到词中开阔宏大的场景里，处处暗合太平盛世的景象，没有刻意歌功颂德之意，却让人最为直观自然地感受到这层意味的时候，不禁龙颜大悦，连连叫好。不出几天，这首得天子垂青的好词传遍了整个京城，进而流传向大江南北。

柳永的词好像长了翅膀的鸟儿穿山越岭，在当时已经是司空见惯的事情。而这样一首描写京城盛宴又暗含圣颂之意的好词，传扬起来就更加快。

很长一段时间里，大宋各地吟歌善舞的烟花女子们，最是喜爱唱起这首歌尽都城繁华的《破阵乐·露花倒影》。

这其中，又属京中女子最为明显，一来因为身在王朝都城，自有几分自豪在；二来柳永对她们而言，那是有着特殊意义的男子。情义也好，崇拜也好，总有千百个理由，去吟唱他笔下的那一阕。

回京后的日子过得很快，忙忙碌碌的一年转瞬即逝，新岁再返可爱的人间，接着就来到了元宵佳节。

这年的上元节，仁宗皇帝出宫与民共赏圆月花灯，使原本热闹鼎沸的京师更加欢腾。

和风送暖，满城祥瑞，月与灯相互辉映，歌与舞缭绕喧天。柳永有感如此祥和的盛世风貌，写下了这首词：

禁漏花深，绣工日永，蕙风布暖。变韶景、都门十二、元宵三五，银蟾光满。连云复道凌飞观。耸皇居丽，嘉气瑞烟葱蒨。翠华宵幸，是处层城阆苑。

龙凤烛、交光星汉。对咫尺鳌山开羽扇。会乐府两籍神仙，梨园四部弦管。向晓色、都人未散。盈万井、山呼鳌抃。愿岁岁，天仗里、常瞻凤辇。

——《倾杯乐·禁漏花深》

笔端写的是上元节，却早已宕开元宵灯会的场面，触到了北宋仁宗时所有臣民的生活面貌，那是一派富庶安乐，祥顺和谐的景象。词中重点立意在皇帝御驾亲临元宵灯会这件事上，在彻天的高呼万岁中，喧闹的花灯节自然引申出了国泰民安的气象，愿岁岁常瞻凤辇的期望，则直白地道出了臣民对皇帝的拥护。

这是一首写意都市生活风貌的词，也是投献于仁宗皇帝的词。从写意到结构，无不精致妥帖，丝丝相扣。

曾经在外做官的时候，柳永只是偶尔才会写一首投献词，回到了京中的他，写投献词的频率也提高了。在写此类投献颂圣词时，柳永也一改羁旅行役中的白描手法，转而以大量用典的手法。这样做的用意，自然是因赠主都是举足轻重、富有才学的人物，他便用了极尽雅的写法。

不过，被大众理解喜爱的作品，才会成为流芳百世的佳作。柳词中的名篇多出于羁旅词，而很少见于这类颂圣词，就是最好的说明。

皇帝亲临民间欢度佳节，这样的事纵然会被史官记录，但也无法代替一位词坛巨匠书写一首好词所带来的影响。当这首《倾杯乐·禁漏花深》传至仁宗耳中，皇帝自然甚感欣慰，对柳永又是一通褒奖称赞。

一切看起来都很好，按正常的形势发展，柳永的京官生涯会相当顺利。有做地方官时的佼佼政绩，有入京后皇帝的青眼相加，看来差遣官职随转官而继续升迁，是指日可待的事了。

谁知，前路漫漫，偶有急转直下，竟要费去半生风华。

太液波翻，久作天涯客

送走了上元节，接着送走了又一个和煦的春天，就到了仁宗皇帝的寿辰。

仁宗生于大中祥符三年（1010）的五月十二日，古代一国之君的生辰是举朝欢庆的大日子，整个仪典的程序很复杂，这是太常寺每年着重忙碌的时候。

算起来，柳永已经入京一年多，这是他参与执事皇帝寿辰的第二年。虽然忙碌，但因为每年都会举办一次，倒也并然有序。

待繁复的典礼过后，好不容易才到了大宴群臣和来朝使者的阶段。这时，寿宴正式开始，也是君臣真正放松下来的时候。

去年刚入京的时候，柳永就有过以词为仁宗祝寿的做法。当时他初来乍到，尚不知仁宗能否喜欢自己的词作，又想到自从"词"诞生以来，还从未写来为皇帝祝寿，所以纠结了许久。

眼看日子越来越近，柳永还没有拿定主意，他只好去问贴心明理又懂得诗书的虫娘。

当问出这个问题的时候，一向做"解语花"的虫娘犯了难。

虫娘为难自有为难的道理，若是支持夫君写词祝寿，这可是历史上的第一人，可词毕竟出于民间宴乐，毕竟诞生在下层乐工歌伎的红牙檀板之间。若是不支持，这必然会令对词痴爱一生的夫君有遗憾，再说如果祝寿词能得皇帝喜爱，却因她的干预而让他打消念头，岂不是更冤枉吗。

虫娘微蹙黛眉，半晌不知该作何回答。柳永也诧异于虫娘不同于过去，但转念一想，便明白她的一番苦心，轻笑一声道："罢了，本不是多么严重的事。"

嘴上虽如此说，但心里总还放不下。这样纠结着，就到了仁宗寿辰的那一天。

柳永是个汲汲入世的儒家子弟，同时又是个富有叛逆性情的浪漫才子。他害怕触犯天威影响来之不易的前途，又不甘身为词坛巨匠的自己不敢为皇帝写祝寿词的退怯。摇摆的心意不到最后，怕是难以决断。

最终，对词的钟爱打败了其他顾虑。柳永有柳永的执拗，也有他的傲气，旁人不敢为之，他偏要去一试，即使他是那样看重自己的未来。

> 过韶阳。璇枢电绕，华渚虹流，运应千载会昌。
> 馨环宇、荐殊祥。吾皇。诞弥月，瑶图缵庆，玉叶腾芳。
> 并景贶、三灵眷祐，挺英哲、掩前王。遇年年、嘉节清和，
> 颁率土称觞。

无间要荒华夏，尽万里、走梯航。彤庭舜张大乐，禹会群方。鹓行。望上国，山呼鳌抃，遥爇炉香。竟就日、瞻云献寿，指南山、等无疆。愿巍巍、宝历鸿基，齐天地遥长。

——《送征衣·过韶阳》

这就是那一年，他为仁宗写下的祝寿词《送征衣·过韶阳》。整首词极尽铺陈赞颂，将仁宗的英明、国势的昌隆以及万民祝皇帝万寿无疆的祈愿，都一一写在词中。

仁宗皇帝在看到这首寿词后，没有丝毫不快，反而还十分喜欢。这在有些人看来，是有些违背常理的。而柳永依照心意做了想做的事，成了史上第一个为皇帝写词祝寿的人，同时又得到了皇帝的认可，他无比快意。

于是，在庆历二年（1042）的皇帝寿辰，柳永又写了一首祝寿词献给了仁宗皇帝：

薰风解愠，昼景清和，新霁时候。火德流光，萝图荐祉，累庆金枝秀。璇枢绕电，华渚流虹，是日挺生元后。缵唐虞垂拱，千载应期，万灵敷祐。

殊方异域，争贡琛赆，架巘航波奔凑。三殿称觞，九仪就列，韶頀锵金奏。藩侯瞻望彤庭，亲携僚吏，竞歌元首。祝尧龄、北极齐尊，南山共久。

——《永遇乐·薰风解愠》

在京为官的第二年，柳永为皇帝写下了第二首祝寿词《永遇乐·熏风解愠》。这首词与前一年所写的《送征衣·过韶阳》一样，都是为皇帝歌功颂德，进而祝愿其长寿安乐。在立意上主旨明确，而行文多处用典，极尽晦涩而典雅。

此类词是柳词中单列的一个类别，但在宋词成就上并无太高建树，和他羁旅词的成就相差太多，甚至与情爱相思词都不可相提并论。

之所以要用如此雅致艰涩的表达方式，也是因为词本不登大雅之堂，他却执着地想令世人承认宋词的文学地位。那么在执笔投献的时候，他便要以词书写，献给位高权重的人，获得他们的认可。

尤其在为皇帝祝寿时，他心想，天子做寿乃举朝大事，以自己平日雅俗共融、平淡无华的写意风格，怕是会适得其反，不得圣心。于是在这两首祝寿词中，引经据典的数量达到了顶峰。

这是柳词中一个耐人寻味之处。高远苍凉的行役词，大胆见俗的艳情词，生动市井的都市风光词，还有雅到难以读懂的颂圣投献词，都出自他一人之手，却彰显给世人完全不同的风格。

遇到什么事，便写什么词，写哪类词，就用哪种风格，并且了无痕迹。他的词就如他的性格和人生，互相矛盾，各有成就。

宋词带给了柳永最珍贵的人生经历，却也在不久后夺去了他美好的前程和期望。

这一年，柳涚再次落榜，柳永虽然避免不了愁闷，但并没有如 1038 年首次落榜那样伤怀消沉。通过自己的仕宦经历，他渐渐懂得，有些事不能强求，一直追求的事或许会来得晚一些，当它来的时候，会以另一种方式弥补那些错过的机遇。只需勤恳向前，不必悲从中来。

然而，就在柳永对人生充满了热情的时候，发生了一件广为人知的事。这件事彻底摧毁了他平静的生活，从此他将转身去往茫茫的远方，在宦海中哀伤地沉寂下去。

秋天的时候，老人星出现在了大宋王朝的上空。用现代科学来说，老人星是南斗星之一，是亮度仅次于天狼星的一颗恒星。在古代，朝廷有专门观星象预测国家大事的职位。朝代的命运、国运的盛衰、国君的运势等都要夜观星象以作参考，甚至有时，突然出现的某一颗星会左右皇帝的决断。

古人观星象，有吉星、煞星之分，而老人星则代表吉祥昌盛之意，它的出现，引得朝野一片欢腾。正是这件事，最后竟牵扯到了柳永身上。

一天，仁宗御前的一位内侍建议柳永，当此吉事，正是献词的好时机，何不作词一首，他可代为献于御前。

柳永因前几次献词得仁宗欢心，又因皇帝本身就颇好柳词，于是他闻罢此言，不假思索就挥笔写下了一首词：

渐亭皋叶下，陇首云飞，素秋新霁。华阙中天，锁葱葱佳气。嫩菊黄深，拒霜红浅，近宝阶香砌。玉宇无尘，金茎有露，碧天如水。

正值升平，万几多暇，夜色澄鲜，漏声迢递。南

极星中，有老人呈瑞。此际宸游，凤辇何处，度管弦
清脆。太液波翻，披香帘卷，月明风细。

——《醉蓬莱·渐亭皋叶下》

柳永写完这首《醉蓬莱·渐亭皋叶下》之后，是相当满意的。因为这首词虽通篇古雅，但不再像过去给皇帝献的词那般处处堆砌辞藻，而是融入了柳永最拿手的白描写景。

这位内侍轻捧佳作细细读过后，赞不绝口。他仰慕柳永的才华，也多是因为那些易懂又触动人心的词作，而这首词，难得有了那些传扬四方的词作味道。

内侍兴冲冲地将词捧入了宫中，敬献给了仁宗。

不久，坏消息传来。仁宗看完此词后，脸色大变，当即撕为几片，掷于地上，厉声道："何不言'波澄'？"

一首柳词惹得皇帝龙颜大怒的消息很快就传遍了宫中，进而传往宫外，传向更远的地方。

那几日，人们绘声绘色地谈论着此事，据说仁宗发怒的时候，近前的内侍和婢女吓得跪了一地。而那位主动让柳永献词的内侍，更是瑟瑟发抖。

曾经每每对柳永的献词赞赏有加的仁宗，态度怎么就突然大变了呢？最直接的原因，还是在于词中犯了两个大忌。

第一处忌讳是"此际宸游，凤辇何处"中，与真宗悼词"护川逝之宸仪……瞻崿凤兮何有"暗合，简单来说就是暗合了主要字眼"凤"和"宸"两字；第二处就是"太液波翻"这一句，

太液池是皇家池苑，"波翻"容易使人联想到动荡之意，而"翻"又音同"反"字。对皇帝来说，可不就犯了大忌吗？

在今天看来，皇帝因为这样的理由而发怒，其实很牵强。但在古代帝王名讳都要避开的时代，其实倒也不难理解。

柳永并非心思深沉之人，他以为皇帝过去喜爱，那么如今和往后便都会喜爱，于是敬献词写了一首又一首。

或许他不知道，在那类掉书袋的写法下，皇帝也渐渐腻味。在排斥心理的影响下，他看到犯了皇家忌讳的用词，发怒就成了顺其自然。当柳永有别于过去极尽富丽堂皇的投献写意之法，写出一首颂词中的上乘之作时，皇帝却不再买账了。

宫中的秋光醉人，仁宗在月清风白的夜晚驾车巡游。老人星出现在墨蓝的夜空中，动人的乐声悠悠传来，拂过波光粼粼的太液池。

这的确是一首相当浪漫的词，对比过去那些华丽雍容的投献词，这一次，柳永在其中写进了他的真性情。却不想，同时写进的，还有猝不及防的劫难。

他好不容易冲破了尘埃，还没有好好醉卧尘间，享受步步前行的喜悦，领略庙堂之高的威严，就已经坠落下来，坠回到更为迷蒙的尘埃里。

第六章

久沉下僚残阳去

前路茫茫，苒苒物华休

　　仁宗发怒的消息传到柳永耳中的时候，浓浓的桂香充斥着整个汴京城，妻子兰嬷精心烹制的桂花糕刚放在他的书案上。可惜他还没有来得及品尝，就收到了这个令世人唏嘘不已的消息。

　　经过短暂的无措，当他听说仁宗气恼时所说的那句"何不言'波澄'时"，恍然大悟，追悔莫及。命运以玩笑的姿态挡在了他的面前，他却没有任何办法另辟坦途。

　　柳永真正体会了一番何谓伴君如伴虎，奈何再也没有机会扭转了。

　　他只能静静等待着皇帝的发落，内心无数次地幻想："皇帝念及忠心，念及才学，念及过去投献的那些词……不会发落于他……"他知道这样的念头近乎奢望。

　　消息传得满城风雨，桂香四溢，花瓣轻挂在他的肩头，冷月无声，清辉洒落在他孤寒的背影上。

　　就得罪皇帝这件事，还有一个流传颇广的插曲。

当时的宰相是自小有神童美誉、十四岁即中进士的晏殊。晏殊是个爱好写词的人，又位极人臣，于是柳永将最后一线希望系于其身，希望对方能为自己在皇帝面前说几句好话，便去拜访晏殊。

见面落座之后，就发生了以下的一幕。

晏殊问道："贤俊近来可有作曲？"柳永答道："只如相公亦作曲子。"晏殊毫不留情地回复道："殊虽作曲子，不曾道'彩线慵拈伴伊坐'。"

闻听此言，柳永知道，晏殊是绝对不会为自己说好话了，只有在不甘中伤心地离开。

其实这件事到底是否真实发生过，并没有实在的根据，也许是坊间杜撰也未可知。宰相词人晏殊，一向谨慎平和又最为惜才，他会对素无恩怨的柳永说出这样的刻薄之语，这令人难以置信。

无论真假，通过这件事，透露出了整个士大夫阶层对柳词，尤其是细腻又奔放的相思词和艳情词的不屑看法。

晏殊的词，向来以精致又理性的闲愁为基调。而如柳永般毫无遮掩地表达思念，大胆露骨地描写情爱，这是士大夫们难以接受的，他们对此满是讥讽，甚至鄙视。虽然士大夫中也有人欣赏柳永的词，但大体也不会完全认同他对民间通俗意趣的追求。

从写法到情感表达的通俗化追求，是柳词广受平民追捧的原因，却也的确拉低了他的段位，所以词的流行化并没有促进词的地位提升。直到后来苏轼词的出现，再到若干年后辛弃疾词的问世，词的文学地位才得以提升。

而柳永，他对宋词的发展有无可替代的重要意义，他直接影响了苏轼等一众词人的表达风格。可他是那样孤独，胸中的丘壑常常被忽略，一点差错就埋没了此前所有的成绩。放眼整个大宋，包围他一生的，是深入灵魂的旷世孤绝。

在沉寂了一段时间之后，皇帝做了决定，移调柳永去往苏州任通判。

得此调令，柳永慌乱懊恼的心总算是定了下来，之后就陷入了更深的愁绪。

京官被移任去了地方，且无差遣上的升迁，这是再清楚不过的被贬。二十四桥仍在，回首已物是人非，一首词换来余生的下僚，不知以后是否还有机会反转。我们知道，不会再有机会了。

从此以后，柳永将踏上辗转各地的异乡任职之路。但这不意味着他的寄禄官级别被降或停止升迁，只是差遣从此久困，这实在是一件神奇的事。

看起来匪夷所思的事，要归结于宋朝官制。宋朝规定，朝廷官员在改官成为寄禄官后，若非犯了明显的罪过，是不会影响升迁的，每满三年即转一阶。然而差遣则不受制度的影响，全凭皇帝和朝廷做主。

柳永也因为这样的制度，陷入了级别和待遇的正常升迁，实际职位和权力却从此停滞的尴尬境遇。

柳永的寄禄官，后来做到了屯田郎中，这与终官屯田员外郎的说法又有出入。实际上，柳永的墓志铭直接说明了这个问题，在出土的柳《铭》上有"宋故郎中柳公墓志铭"。而屯田郎中又比屯田员外郎的官阶要高三到五阶，是不存在因致仕后进阶一级而造成误会的问题。

初次被调任为苏州通判，这突如其来的不幸令他不胜清怨。对于未来，他还没有太多的精力去设想，只希望离开能弥补所有的罪责，还能早日回到京城。可这愿望太飘忽不定，倒不如顺其自然换得几分轻松。

看着一双妻妾收拾行装的忙碌身影，柳永的鼻子蓦然泛了酸。他一生孜孜不倦地追求用世志意，带给家人最多的却是辗转漂泊。

他感到从未有过的疲累，甚至对自己过往所有的选择产生了怀疑。秋风乍起，残阳如血，好不容易归来到天子近前，谁知仅一年多就被调离而去，这未免也太短、太急。

虫娘最知他心事，试图安慰几番，直言离开京城后，自有那远天远地的好处和自在……可不管说什么，终是逃不开柳永的伤心事。真到这满心萧索的境地，或许只有经过岁月的洗刷，方能渐渐释怀吧。

在沉闷哀戚的气氛中，离开京城的日子已到了眼前。

考虑到柳涗还要继续科考，而之后自己的差遣又不得而知，柳永便让柳涗与儿媳留在京中，又遣去了一些仆人，只留下少数几个操持家务，就带着兰嬛和虫娘启程了。

他想到老木如今年岁已高，就让其留在京城家中安度晚年，可老木追随柳永一生，说什么也要继续随其左右。这样的情义令柳永感动良多，无奈，便答应他跟自己一道去苏州。而老木的一双儿女则留在柳府，继续照顾柳涚夫妻。

离开的那天，已至寒冬时节，大雪在天地间舞动翻飞，目及所处一片冷寂。

柳永的心绪深坠在对未来的疑问中："这一去，还会回来吗？明年，后年，自己的终点在哪里？"越想越是凄苦，于是写下一首《凤归云·恋帝里》。而后，头也不回地离开，将自己的留恋和亲友的不舍，都抛在了冬日的幽冷光影里。

> 恋帝里、金谷园林，平康巷陌，触处繁华，连日疏狂，未尝轻负、寸心双眼。况佳人、尽天外行云，掌上飞燕。向玳筵、一一皆妙选。长是因酒沉迷，被花萦绊。
>
> 更可惜、淑景亭台，暑天枕簟。霜月夜凉，雪霰朝飞，一岁春光，尽堪随分、俊游清宴。算浮生事、瞬息光阴，锱铢名宦。正欢笑、试恁暂时分散。却是恨雨愁云，地遥天远。
>
> ——《凤归云·恋帝里》

直到马车徐徐地出了城门，他依然觉得似真似幻，他是多么不愿意相信这一切，又是多么难舍这京城啊。想起在京师的点点滴滴，从今而后都变成了不堪回首，触碰便会心伤，忆起就是苍凉。

柳永已经 59 岁了，曾经快意青春的年华一去不复返。他原本的暮年轨迹，应该是在京中稳步高升，即便调任他方也应当被委以重任，然后在兢兢业业的工作中实现兼济天下的志愿。如果运气好，他不是没有成为朝廷重臣的可能。最后，到了古稀之年，在众人钦佩的目光中，毫无遗憾地退朝归家。

现实就是这样残酷，一首词毁了一切。已经不再年轻的他，不得不携着妻妾和几个仆从，在暮雪霏霏的冬天踏上辛苦的羁旅之途。

出城门的时候，柳永撩起帘子向后望去，不知怎的冰凉的泪水就滚落下来。雪花被一阵疾风吹进了车里，仿佛是要留给他仅有的念想。

兰嫣和虫娘见此景也感伤不已，京城不仅有皇帝和文武百官，那里还有她们的家。

她们早已不再明艳芳华，她们需要踏实地待在温暖的家中过完余生，如今竟全部成了奢望。拿出绢帕轻轻拭去眼泪，马蹄踏起的雪花使渐行渐远的城门越发模糊，最终消失在她们盈盈的泪光里。

宦游成羁旅，何处是前期

凛冬寒意席卷着大宋的山河，让出京的柳永更为凄怆。如果说科考的打击只是机会的迟到，那么这次得罪皇帝被贬，就是物是人非事事休的悲哀。这样的悲哀，洒在了奔赴苏州的路上，生命已过去了大半，怎么就会有这样的遭遇？他带着重重心事，风尘仆仆地从地北到天南。

在一个晴朗的天气里，柳永一家终于抵达了苏州。黄昏的夕阳泛着红艳艳的光照拂着美丽的苏州，虽然寒冬依旧，却留下些许暖意。

等一切安顿好之后，柳永又要去拜见苏州太守——自己的顶头上司富严。

柳永的通判之职，就是太守的副职。此官职在宋初时是专门监督一方太守，并将太守所为传达朝廷知悉的职位，也就是说此官位虽然没有知州大，但有单独履行职权的义务。不过早在许多年前，通判的职责就发生了变化，成为知州的副手。

富严是富弼的侄子。身为北宋名臣的富弼，此时正出使辽国，十多年后他将官拜宰相，成为历经仁宗、英宗、神宗三朝的名相。

而富严此人，如他的叔父富弼一样，也是个忠义耿直之人。柳永人还未到苏州，因一首《醉蓬莱·渐亭皋叶下》惹怒了仁宗而被贬的消息早已传到了他的耳中。同是宦海中人，同样身在京外，他对这个暮年入仕、因一念之差就从京中被贬出的长辈心怀同情。

地方任职与在京中有着很大出入，这样的改变没有影响柳永的状态。他一直是个对工作抱有很大热情的人，即使在突然跌进低谷的时候，也不会有半分懈怠。

作为富严的副手，二人的志趣和行事风格都颇为搭调，若是不想起离京的苦楚，日子也可以过得有声有色。可每到闲暇时，伤怀和失意就全部涌上了心头。此时就算虫娘陪伴身边，也无法抹去他眼底的忧郁哀伤。

庆历三年（1043）初，刚过了年节，富严就被调往泉州任知州。刚刚熟悉默契起来的上下级被猝不及防地打断，柳永只得送别了富严，等待新任知州。

对于富严的移任，柳永没有任何的想法。他明白，自己才被调离京师不久，此时绝不会有转机出现。于是在朝廷下诏任吕溱为新任长官的时候，柳永很平静地欣然接受了，并且立即着手准备迎接新知州的事宜。

其实柳永这次的遭遇，并不是真正摆在明面上的被贬，却是皇帝冷落他的一种方式。这种冷落没有任何凭证说明，有的只是美好前程的抽离、安稳生活的变故以及岁岁年年的萧索。

这种被皇帝刻意冷落的感觉，常常令他喘不过气。不知道哪一天仁宗会消了气，或者慢慢忘了自己，或者永远耿耿于怀地打压他。春江水暖、柳绿花红的春意，也不能拂去他丝毫的窒息之感。

像鸭子般用力划水的柳永，随着吕溱到来的日子渐近，感觉到越来越浓的一层尴尬。

吕溱在柳永面前可谓晚辈，他的年龄足足比柳永小了三十岁。宝元元年（1038），是柳涗第一次参加科举的时候，而那一科的状元正是吕溱。

顶头上司是年龄如此小、科举仕途又如此顺当的当朝状元。自己身负词名却晚年入仕，又在做了京官后因得罪皇帝被外调，这是多么大的落差啊。更为尴尬的是，吕溱此时的寄禄官级别为著作郎，比柳永的太常博士还低了一阶。这就意味着柳永拿着比吕溱高的俸禄，却要听从比自己小三十岁的领导的指挥。

想到自己也是堂堂的傲气才子，虽然再也没有了年轻时的羁狂，可敏感和骄傲依然是他丢不开的性情。念及种种，柳永觉得难为情极了，眉头锁了又锁，浮云暗了又暗。

一日晚饭的时候，兰嬺和虫娘见柳永连日来心事重重，纷纷劝他既然已经来到了苏州且放宽心。柳永内心的愁闷正无处可诉，听到二人的关心，低叹了一声，便将眼前最为犯愁的事道出一二。

妻子兰嬺听罢，反而浅笑了一声道："这件事既是无解，任老爷再如何忧虑也是无用的，倒不如坦然些吧。官场起起落落是再寻常不过的事，为此焦虑反而是坠在执念里，终日令自己不快罢了。"

虫娘微微一笑接着道："姐姐说得极是，想那吕溱如此年轻就中了状元，岂会是没有见识的俗人，不会为此对老爷另眼相看的。如果让旁人看出了不自在，反而是损伤了。"

她们的话虽然未能令柳永彻底摆脱愁绪，但着实起了不少作用。他心想："是啊，自己一味纠结在这等事中，也无法改变结果。如果终日退却，岂不是辜负了柳永为词为宦的响亮名声？"

等吕溱走马上任，柳永早已调整好了心情，他周到妥帖地安排迎接了这位晚辈。

一来二去的交往中，并没有什么不自然，他终于相信自己此前太过于执着那点小事。而吕溱又是开朗敏慧之人，对他既尊重又不刻意有悖于自己的领导身份，这令他很是安慰舒畅。

柳永对吕溱由未接触时的排斥慢慢转变为打心眼儿里的认可。一次画船宴饮，他为吕溱写下了这首词：

> 古繁华茂苑，是当日、帝王州。咏人物鲜明，风土细腻，曾美诗流。寻幽。近香径处，聚莲娃钓叟簇汀洲。晴景吴波练静，万家绿水朱楼。
>
> 凝旒。乃眷东南，思共理、命贤侯。继梦得文章，乐天惠爱，布政优优。鳌头。况虚位久，遇名都胜景阻淹留。赢得兰堂酝酒，画船携妓欢游。
>
> ——《木兰花慢·古繁华茂苑》

这无疑是一首投献词，柳永因颂圣词而遭祸，内心的阴影犹存。自他离开京城时的一首《凤归云·恋帝里》之后，他已经许久没有在人前作词，更遑论是投献词了。

今日，借着热闹的气氛，在美酒的作用下，他终于抵挡不住想为吕溱赠词的欲望。妙笔生花，跃然纸上。

要说这首词是写给吕溱的凭据，下阕中的"鳌头"一词就是最明显的证据了。"鳌头"既指入翰林院的臣子，也指当科状元。自柳永入仕到离开人世的二十多年间，由状元出任苏州太守的只有吕溱一人，加之二人在苏州共事的这段仕履经历，此词定然是赠予吕溱的。

青山绿水，姹紫嫣红，置身在这样的美景里，任谁也做不到无动于衷。姑苏城中的人们傍河而居，用祖祖辈辈的辛劳和智慧装点着这座城。处处的风物人情，使它在灵秀山水的围绕下更为柔婉明丽。

这美丽的城如今有贤德多才的能臣吕溱做父母官，全因圣上的英明和眷顾。自己被调任这里，虽有淹留之意，但在山明水秀的江南胜地与贤能之才共为政事，不知不觉间已经乐在其中了。

欢宴中的宾客，无人不知柳永的才名。只是碍于他因词遭到皇帝冷落被调任苏州而刻意回避谈词，也就更无人提议他着笔了。没想到柳永兴之所至并不以词为忌讳，反而主动写了一首好词。宾客们纷纷欣赏称赞的同时，内心都暗暗佩服他这份舒朗大气。

稍稍细读，会发现这首词相比此前写给吕夷简的投献词，显得更平实稳重。虽然并不吝啬赞颂之词，但句句实在，且没有了对未来官运亨通的溢美期许，反而显得心意更为真切了。

经过一番遭遇，柳永似乎也明白未来有着太多的不确定性。宦海如烟，起起伏伏本是常事，又何必纠结于升降境遇。另外，吕夷简当初是被罢相所遣，而吕溱则是年少正当历练上游之时，他并不需要祝他步步高升的愿词。

所以这一次，柳永没有写下祝愿对方未来宦途昌顺的词句，这意味着他对为官这条路有了更深的认识。

得失沉浮是这条道路的本质，也是整个人生的本质。欢欣鼓舞也好，疲惫失意也好，都无法来去随意，只有坦然相对。

对上司，对皇帝，他都乐意一挥而就写下那番赞颂。可是在他诸多的投献词中，从未有一首是为奸佞无德之人所写。他所要赠词的对象，无论是帝王还是臣子，都是贤明仁德、备受百姓拥护赞誉之人。

这是他的原则和底线，他以内心的认可崇敬做基础，才能完成笔端的曲、纸上的词。当宾客如潮的叫好声涌入耳中，他自觉那样的词写得无愧于自己，无愧于一方百姓。

新愁易积，不似少年时

　　的确如在给吕溱的赠词中一样，虽然柳永无法完全抹去被淹留苏州的惆怅，但他已经不再沉浸在悲伤里，而是潇洒地融入了新生活。

　　当沉重的打击在心头渐渐化作了一缕轻烟，朝廷下了新的调令，派柳永到益州（今除西藏川西的西南一带）任通判。

　　接到任命后，柳永那好不容易淡化的忧愁，又像一团浓雾铺天盖地地压下来。朝廷对官员频繁调遣本是寻常之事，可此次差遣仍为通判，足以表明皇帝的气还没有消解。

　　他不得不服从指派，以高出匹配通判之职的级别再次赴任。而这个他已喜欢上的城市——迤逦如画的苏州，将从他的生活中抽离。

　　兰嬛与虫娘知道这个消息的时候，一时都默然无言。她们不知该如何应对这次变动，因为除了行役天涯的苦楚，还有一道更为现实的难题摆到了面前。

　　依照宋朝官制，这次柳永要去的是益州，属于不允许官员携家眷而往的任地之一。所以作为妻子的兰嫣是绝对不可以随夫前往的，而身为妾侍的虫娘却可以相伴左右。

这样的现状令三个人都很尴尬，柳永和妻子别无选择，而两边都可以选择的虫娘此刻也不好主动要求陪柳永同去益州，三人一时间心乱如麻。

与妻子的分离已是定局，柳永心里多想至少有虫娘留在身边，但他不知该如何说出口。他已不再年轻了，今年一别，不知相聚是何夕，甚至不知哪一天生命就走到了终点。

三人想着心事，别样的气氛弥漫在空气中，即便是收拾行装的忙碌也没能打破这份尴尬。虽在努力掩饰，但依然无法完全遮掩各自心底的矛盾。花好月圆，相依相随，此刻那样奢侈。

两日后，在柳永没有任何预料的情况下，兰嫣对他说："就让虫娘随老爷去益州吧，这样妾身好歹也放心许多。"柳永没有想到是妻子打破了这个僵局，他只有嘱咐："到了京城家中，一定……要保重。"

话还没说完，兰嫣的泪珠已经滚落下来。她何尝不想陪在丈夫左右，长长久久，无论天高地远，都可以携伴而去。

她从来不是个足够大度的女子，她也会渴望丈夫唯一的爱，最初嫁过来的时候，她也对这个已进柳家十余年的绝美女子充满了防备和些许嫉妒。

可与虫娘这十多年相处下来，她发现这个女子并不只是依附于柳永那样简单。这个女子深深地爱着丈夫，但她未有任何争宠的手段，只是静静地闲看落花，始终恪守着妻妾之礼。

于是渐渐地，她竟不自觉地与她姐妹相称，她将自己内心对"唯一"的奢望深藏起来，尽量做好一个当家主母的本分。她并不明白，这是时代的悲哀，只是觉得，世界本就是这样的。

虫娘原本已经做好了随兰嬛回京的打算，想起花甲之年的丈夫还要翻山越岭，他该是多么寂寞和忧伤啊。从此山水迢递，不知是否还有来期……想到这些，眼泪就像断线的珠子簌簌而落。这两天夜里，她已经偷偷哭泣好多次了。

其实，她也曾有过主动开口要求去益州的冲动。可想到自己只是个妾室，如此一来定会让兰嬛感到酸楚，可能还会让他们夫妻心生隔阂。

这些年，丈夫对自己宠爱有加，夫人对自己也是不错的，她不想因为爱情的牵绊和私心，就打破三个人和谐的状态。所以，她终于放弃了那个念头。这意味着她选择了以后至苦的相思、无解的遗憾。

所以，当听到兰嬛主动提出让自己同柳永去益州的时候，她内心的欢愉简直如云彩一样荡上了天。

虫娘的去向就这样决定了，三人都是感慨良多。柳永顺便也做了让老木偕妻子一同与兰嬛回家的决定，并嘱咐他回京后就在柳家养老，帮衬夫人打理好家事。

老木本不同意，奈何在柳永的坚持下也只好答应。柳永只是想让老木夫妻在晚年能生活得安稳一些。当初离开都城的时候，他并没有想到频繁调遣的事，如今觉得或许自己在益州也是待不长久的，便决心说服老木回京。

苏州通往益州，恰好可以走路过汴京的这条路。柳永和虫娘先将兰嫣、老木一行送回了都城，朝廷配备的护卫跟随左右。

到了家中，与柳涚夫妻匆匆相聚后，柳永与虫娘就启程往益州去了。去年离开汴京的时候，正是风雪肆虐的严冬。没想到今年要在瑟瑟清寒的秋天，从汴京的另一端离开。

由于柳永年纪大了，一行人赶路并不是很快。随着上任期限越来越近，不得不尽量加快速度，等入蜀之后已是深秋。

这天，结束了一天的行程，到了驿馆，又是夕阳相送。秋日雨后的黄昏，是柳永最爱作词的时候，这些天因为赶路，并不曾有精力去吟一阕词。

看着落日和疏淡的秋景、晚霞的悸动最终没有改变满目的凄凉，反而涌向了人们内心最柔软的角落。不是柳永刻意在那时挥笔，而是因为那是最为触动他的景色。情之所至，方有秋士易感之绝调。

晚秋天，一霎微雨洒庭轩。槛菊萧疏，井梧零乱惹残烟。凄然，望江关，飞云黯淡夕阳间。当时宋玉悲感，向此临水与登山。远道迢递，行人凄楚，倦听陇水潺湲。正蝉吟败叶，蛩响衰草，相应喧喧。

孤馆度日如年。风露渐变，悄悄至更阑。长天净、绛河清浅，皓月婵娟。思绵绵。夜永对景，那堪屈指，暗想从前。未名未禄，绮陌红楼，往往经岁迁延。

帝里风光好，当年少日，暮宴朝欢。况有狂朋怪

侣，遇当歌对酒竟留连。别来迅景如梭，旧游似梦，
烟水程何限。念名利、憔悴长萦绊。追往事、空惨愁颜。
漏箭移，稍觉轻寒。渐鸣咽、画角数声残。对闲窗畔，
停灯向晓，抱影无眠。

——《戚氏·晚秋天》

萧萧落叶点染了湿漉漉的庭院，薄雾残烟悄悄降在尘世间，
晚霞灿烂，飞云黯淡。夜色来临之后，皓月当头，秋风露水。
种种盛景美好而凄凉地打动着柳永，他写下了这首荡气回肠的
《戚氏·晚秋天》。

这首柳永独创的词，成为在当时问世的宋词中最长的一首。
直到许多年后的南宋时期，吴文英写了《莺啼序》，才超过了《戚
氏·晚秋天》的字数。

这时候，有为宦任务的柳永只是一个孤独的词客。他望向
朦胧苍茫的天的尽头，不由得想起了家中的妻子，当夕阳一点
点落下了山，对旧时欢景的回忆就迅速蔓延开来。

追忆许多年前常有歌酒相伴的日子，是他最近经常会做的
事。那时候，他徘徊在无情的科场外面，遭受着几年一次的打击，
却倨傲不羁。浅斟低唱也好，眠花宿柳也好，一阕词名动天下
也好，竟比如今纠缠在功名利禄的迷途上要畅意得多。

当虫娘逐句读完了它，惊艳的同时眼底也闪过了一抹哀伤。
名动京华的柳七郎如今是一个发已花白的老人，命运对他未免
吝啬，黄昏暮年之时还要经受被冷落远遣的遭遇。

这一年以来，她知道他在无数个夜晚停灯向晓，将所有的悲愁都释放在无眠的夜里。这一次，他终于将它们写进了词里，忧思难解，满目苍凉。

幸好，还有挚爱的红颜伴于身侧。山长水阔，漫漫秋霜，他们彼此都在触手可及的地方，携手尘间，不离不弃。

柳永到益州治所成都的时候，新任知州蒋堂已经走马上任了，柳永迫不及待想去拜见。因为蒋堂对他来说并非陌路新识，而是他参加科举时的封印卷首之人，是他敬重的老师。

远在险峻的蜀地相逢，师生之间有说不出的亲近感，工作起来也很默契。蒋堂素有名臣风骨，清廉耿直，又善文辞，和柳永极为投缘。于是公干之外，二人也会小酌几杯，有时还会宴请本地其他官员。

生活的惬意，工作的顺利，让柳永找到了在苏州时的感觉。只是轻松的情绪里始终绷着一根弦。他不知在益州能否等三年任期满后再赴新任，也不知道这通判职位还会跟随自己多久。

秋离冬至，又过了一个年节，春回大地的时候，蒋堂和柳永结伴出游。

回顾来到益州之后做出的政绩，他们由衷地高兴。每当同去浣花溪畔游赏，看着山水如画的成都，风物闲美，市井繁华，那是最大的欣慰。此时在推杯换盏间吟几首词、听几首曲，所有的心意就寄托在这一方水土里。

　　井络天开，剑岭云横控西夏。地胜异、锦里风流，蚕市繁华，簇簇歌台舞榭。雅俗多游赏，轻裘俊、靓妆艳冶。当春昼，摸石江边，浣花溪畔景如画。

梦应三刀，桥名万里，中和政多暇。仗汉节、揽辔澄清，高掩武侯勋业，文翁风化。台鼎须贤久，方镇静、又思命驾。空遗爱，两蜀三川，异日成嘉话。

——《一寸金·井络天开》

在一次游赏时，柳永写了这首《一寸金·井络天开》，词中用典甚多，承袭了他投献词一贯的风格。而词中除了对大自然的赞美，还融入了身为朝廷官员的一颗治世之心。

在投献部分，柳永太想把所有美好的词用在蒋堂身上。这不仅出自师生之情，更重要的是在他心中，这位老师完全当得起这样的赞誉。

蒋堂的确是清明敢为的能臣，至于词中是否有过誉之嫌，比如"高掩武侯勋业"这样盖过诸葛亮功勋的表达，世人也不必太过较真。柳永是性情中人，他若认定了一个人，那便不会管他人眼光，就像他对那些需日日强颜欢笑的烟花女子一样。

而蒋堂虽为名臣，可并非名扬天下，反而经常受到谣言的中伤甚至他人的诬陷。或许因为他敢于打破常规的从政风格，也或许因为朝堂间云谲波诡的博弈争斗，作为当事人的他，将所有的流言蜚语都视作俗物，只要治下政通人和，其他烦琐世事都随它们去吧。

在这样的背景下，再看柳永这首极尽赞誉的《一寸金·井络天开》，就理解了他永远只做自己的出尘高贵。

这首投献词相比其他与当事人相符相扣的赞颂，为何有拔高过誉之嫌？那是因为他要告诉世人："你们费心诋毁之人，其实是这样的才能功绩绝世之人，我就是要将他夸上天。很快，他将会被委以重任，立下更大的功业。"

虽然，现实并未如词中所愿，蒋堂反而会在下一年庆历五年（1045）被降职出知河中府（今属山西永济）。要知道在宋朝，差遣去任益州知州者都是朝廷重臣，往往在任后会做升迁之用，而蒋堂还是受了流言之困，被伤及宦途。

不过，这些都不重要了，重要的是柳永在这个春天毫无避讳地为老师写下这样一首词。这是给蒋堂最大的鼓舞与安慰，也是柳永最真心流露的佐证。无关名利，只为真心。

晓风残月，不见归舟

庆历四年（1044）的那个春季，人们常常会在浣花溪畔看到柳永的身影。那时也到了柳永按制转官的时间，他如愿转官为屯田员外郎。

明明是值得开心的事，深深的惆怅却交织心头。柳永的级别足以升任知州之职，可现实不是这样，他始终没有等到差遣升迁的任命。午夜梦回的时候，他常常分不清楚，什么是风光，什么是潦倒。

久困"通判"之职的忧伤还未消减半分，同年一纸调令传来，又需跋山涉水。这一次，是移任潭州（今湖南长沙）通判。

蒋堂深知他的境遇，备下了丰盛的酒宴，为他送行。席间离愁萦绕，他们都是宦途中孤独而失落的独行人。冷月荒年，仕途不济，令人唏嘘不已。

有人喜欢秋的厚重，有人不喜秋的苍凉，柳永是很爱秋天的，否则也不会写出那么多的秋之佳作。

到潭州的时候，正是草木凋零的秋天，柳永牵着虫娘去登山赏景。高高的山冈上，凛冽的秋风刮过，登高望远最能勾起人的无限心事，仿佛情天恨海，碧落黄泉，都近在眼前。

不由得，一首词就这样吟了出来：

> 江枫渐老，汀蕙半凋，满目败红衰翠。楚客登临，正是暮秋天气。引疏砧，断续残阳里。对晚景，伤怀念远，新愁旧恨相继。
>
> 脉脉人千里。念两处风情，万重烟水。雨歇天高，望断翠峰十二。尽无言，谁会凭高意？纵写得，离肠万种，奈归云谁寄？
>
> ——《卜算子慢·江枫渐老》

这首《卜算子慢·江枫渐老》，几乎写尽了柳永所有的哀伤。登临望着肃杀的秋景，皆是衰败荒凉。秋色是可以诠释物哀之美的，它让伤感的人更伤感，却无法否认它生机落尽的独特美。新愁旧恨如潮水涌来，想起此前听到的捣衣声，千里思乡的伤感让柳永湿了眼眶。

想起千里之遥的妻子，除了想念还有抱歉。极目远眺，他并不觉得自己是被派遣而来的官员，而是一个漂泊在外的天涯孤客。

纵然一片伤心，他也不会消沉度日，对于自己的职责，悲愁不会成为他懈怠的理由。

当时的潭州知州是刘沆，此人后来官拜宰相，是一位性格刚直、善举贤才的能臣。他欣赏柳永的词作，理解他的无奈，同情他的遭遇。虽然此前二人并无交集，但相互之间并无生疏距离。看来人与人之间若是性情相投，是很容易交友共事的。

在柳永的仕宦生涯里，无论身处何位，有份幸运一直随他左右，那就是他的上司大都是清正耿直之人。

当然，这与当时北宋仁宗时期普遍清明的官场风气有着莫大关系。也正因为这样，柳永没有因遭仁宗冷落而受到任上同僚的排挤，反而受到了该有的尊重和重用。在匆匆而过的人生里，这是他不幸中的万幸。

相比早日回到汴京的渴望，柳永如今更为现实的愿望是不再短期内被频繁调遣，岁月的风霜染白了他的发，腿脚的气力一年不如一年。在这场名缰利锁的游戏里，他感到越来越乏力。波澜壮丽的山河，他想慢慢欣赏，而非匆匆忙忙。

怕什么来什么，在潭州一年之后，柳永又被调遣至华州（今属陕西渭南），而职务还是熟悉得不能再熟悉的"通判"。

与其说是失望，不如说是迷惑，他实在没想到那首闯下大祸的《醉蓬莱·渐亭皋叶下》竟让仁宗耿耿于怀至此。他对"伴君如伴虎"有了新的理解。

虫娘见他如此伤感，劝慰道："凡事往好处着想，一家人平平安安才是最紧要的。"

柳永听了此言恍然想到，虫娘这话不无道理。仁宗在此事上对自己着实苛刻，可若是遇到历史上那些暴戾的君主，他柳永和家人恐怕已是命难保矣。这样安慰自己的方式虽然残酷，但是最有效。人若沉溺在怨怼里，每一天都会变得悲凉而狰狞，也就无法向前看。

离开了柔婉如水的潇湘，奔波去往粗犷沧桑的秦地华州，朝行暮歇，不甚辛苦。路过一个个孤落的村庄，走过一条条寂寞的古道，他不免为这样的辛苦有怆然涕下之感。与虫娘两相对望，也只有牵紧彼此的手，才能掩饰些许的苍凉。

一枕清宵好梦，可惜被、邻鸡唤觉。匆匆策马登途，满目淡烟衰草。前驱风触鸣珂，过霜林、渐觉惊栖鸟。冒征尘远况，自古凄凉长安道。行行又历孤村，楚天阔、望中未晓。

念劳生，惜芳年壮岁，离多欢少。叹断梗难停，暮云渐杳。但黯黯魂消，寸肠凭谁表。恁驱驱、何时是了。又争似、却返瑶京，重买千金笑。

——《轮台子·一枕清宵好梦》

这首凄清哀伤的《轮台子·一枕清宵好梦》，是柳永在结束了一天的行程后所写。早上天未亮就要上路，傍晚在客家驿站落脚，他是寂寥的楚客，风尘仆仆，满面尘霜。闻听鸡鸣早行，傍着落霞晚宿，在疲惫中结束一天的旅程，又在睡眼惺忪中开始远程。

越往西去，心底的凉意就越深。"又争似、却返瑶京，重买千金笑"，期望和现实的巨大反差，是他一生跌宕辗转的写照。这是追忆似水年华时最真诚的表达，也是无限愤懑伤感的意味。

数日的车马劳顿后，终于在深秋到了华州。

这里的秋天，相比秀丽湿润的南方更多了几分萧疏清寂。扑面的冷霜浸湿了鬓发，也迷离了双眼。江边日晚，凭栏望去，浩渺江水奔腾不息，余晖洒在水面上，绘成一幅恬淡清冷的水墨画。

这是柳永最爱的秋日黄昏，也是他欣赏不倦的江天之景。日夜兼程地赶路，今日他独自登高凭栏，来一睹华州不同于江南的秋景。

> 陇首云飞，江边日晚，烟波满目凭阑久。立望关河萧索，千里清秋，忍凝眸？
>
> 杳杳神京，盈盈仙子，别来锦字终难偶。断雁无凭，冉冉飞下汀洲，思悠悠。
>
> 暗想当初，有多少、幽欢佳会，岂知聚散难期，翻成雨恨云愁？阻追游。每登山临水，惹起平生心事，一场消黯，永日无言，却下层楼。
>
> ——《曲玉管·陇首云飞》

《曲玉管·陇首云飞》是柳永羁旅词中的名篇，许多个秋水长天，许多个流光斜阳，在他的笔下成了一首首经典。或者这是他抒怀念远最好的出口，所以才有了如此一笔到底的绝妙气韵。

他想起了家中的妻子，想起了生命里曾经彼此寄托情思的红颜，当年相聚的时候，从未想过会有如此难料的分离。平生心事漫洒在萧索关河，揣着断肠的相思，终是"永日无言，却下层楼"，任秋风翻起了衣角，任夕阳在身后隐没。

而今到了华州，按官制是可以接回妻子的，可是柳永很纠结。

他害怕调令不知何时就会出现在眼前。若是再被调去家眷不得随行的地方，将会多添一次离别的伤感，还会徒增兰嬝的辛劳。也罢，不如就让她留在京城家中，好歹日子安稳，不用时时为明天担忧。

柳永感受到自己眼中的世界，一年比一年荒凉，但他不得不面对现实，继续这段艰难到让他不想坚守的路。

华州的知州是李丕绪，他淡泊名利，钟爱文物，并且是被贬而知华州。相似的爱好和遭遇，迅速拉近了两人的距离，李丕绪为柳永因一首词被贬而叹息，柳永为对方的不幸感到难过。

柳永再次为自己能遇到投缘的上司而暗自庆幸，庆幸过后，他无一例外地会伤感一番。这样的心情是面镜子，一面照出他仕履坎坷的镜子。

舒适的环境，不舍的同僚，随时都有散场的可能。他努力控制着情感的寄托，以便面对突如其来的离别，不至于不知所措。

冬天，雪花纷纷扬扬降临到人间，眼前的世界是白茫茫的一片，月光下的雪景交相辉映。柳永在大雪飞舞的天气外出游赏，就是冲着那漫天素裹的意趣。果然没有令他失望，白天旖旎迷人，夜晚皓月清浅，天地间从来没有这样干净过，直净到他的心间。

> 长空降瑞，寒风剪，渐渐瑶花初下。乱飘僧舍，密洒歌楼，迤逦渐迷鸳瓦。好是渔人，披得一蓑归去，江上晚来堪画。满长安，高却旗亭酒价。
>
> 幽雅。乘兴最宜访戴，泛小棹、越溪潇洒。皓鹤夺鲜，白鹇失素，千里广铺寒野。须信幽兰歌断，彤云收尽，别有瑶台琼榭。放一轮明月，交光清夜。
>
> ——《望远行·长空降瑞》

一定要写首词来保存这份美好，《望远行·长空降瑞》就这样跃然而出了。一同出游的李丕绪看完之后连连夸赞，惊叹整首词中没有一个"雪"字，却句句见雪。词和眼前的雪景相互成就，绘出了一幅迷人的瑞雪盛景。

这天柳永很开心，许是落雪带来的清凉舒旷扫去了他的忧伤。雪花簌簌落在原本纷扰的尘间，看似来势汹汹，落下的时候却异常温柔，它轻拂上人的眼底眉间，也落进了他被打击到有些枯竭的心底。

柳永和虫娘已在想着当春意涤荡的时候，要好好领略一番当地的春光，以慰自己，以慰风尘。

万般千种归去来

庆历六年（1046）的春天，在与虫娘准备去赏春景的时候，柳永心里打起了鼓。在他看来，带着"通判"的差遣一年一调似乎已经成了他的定数。他对此感到发慌，甚至有些惧意。

谁知还未实施与虫娘春游的计划，调令就来了。

这一次，柳永被移调苏州，那是得罪仁宗出京之后，第一次去任职的地方。他没想到兜兜转转又回到了苏州，最讽刺的是当初以"通判"之职离开，如今又要以同样的职位回去。

真是岁岁怕漂泊，年年却不得不漂泊，柳永没想到这次居然只有半年，又要转任其他地方了。除了无奈地苦笑，他已不知还能做何反应。

染柳烟浓，春意几许？李丕绪为柳永准备了丰盛的宴席送行，启程的时间很紧，宴会结束后，柳永在醉意和分别的伤感中与前来送别的同僚友人们道别了。

离别是柳永生活的常态，但他无法习以为常。到了如今的年岁，眼前的每一次分别，他想大概也是今生的永别了。

筵席匆匆，且是从一早开始，柳永多喝了些酒，醉意有些浓。借着酒醉话别，不小心就将愁绪更明显地表现于面上。李丕绪和众人见他如此，心下都不好受，惆怅充满了整个酒宴。

终是到了动身的时候，还未到晌午，花朵上尚留的露珠剔透，像是落泪哭泣的离人。醉眼迷蒙中，他翻身上马，茂密的柳林沙沙作响，就像春秋里伤感作别的人们。

随着马儿一声嘶鸣，奔向远方的同时，他想起了过往的那些离别，稍后就写下了这首《临江仙引·上国》。朝欢暮散，别来最苦，他已经抑制不住地悲伤。只有挥着马鞭，在些许微寒的春风里，抽打着自己那颗寂寥的心。

　　上国。去客。停飞盖、促离筵。长安古道绵绵。见岸花啼露，对堤柳愁烟。物情人意，向此触目，无处不凄然。

　　醉拥征骖犹伫立，盈盈泪眼相看。况绣帏人静，更山馆春寒。今宵怎向漏永，顿成两处孤眠。

　　　　　　　　　　——《临江仙引·上国》

在这首词里，暗示着和有情之人离别的意味。或许，在柳永离开华州的时候，送行的人中的确有一个是他曾经邂逅的痴情女子。也或许并没有此女子的存在，只是柳永想起了过往生命中那些美丽的缘分和数不清的散场。

一壶浊酒浇入了愁肠，也模糊了那些对他款款而笑的同僚和知己的身影。

从华州出发后，先要经过汴京，自然会在家暂住几天。

就要见到分离许久的妻子和家人，柳永消沉的心情还是有了几分期待，便不由得加快了行程。万物复苏的春天，一路上同样跋山涉水的人，也比秋冬要多。一年伊始，走南闯北的客商，外出以文会友的才子，游历名山大川的名士，等等，都喜欢在这个一路有繁花相送的季节出门。

在柳永的眼里，他觉得人们都在征途上争名逐利。虽然这样的想法有些偏激，但并非没有道理。人不可能无欲无求，总会为了向往和追求去奔走在缤纷错落的尘间。

又是一个雨后的傍晚，若不是堤坝边大片的柳枝飘扬，微寒的气温甚至让人感觉是萧索的秋天。柳永思念妻子的心情没有停歇，虫娘看出了他的心事，劝慰道："让夫人和我们一起去苏州吧，不论往后如何，应珍惜当下在一起啊。"

听了这话，柳永觉得不无道理，不能因为害怕自己被调遣到不允许携家眷的地方任职，就舍掉了和妻子共处的时光。他的人生已经有太多遗憾，不想再留下更多的伤怀。他决定，回到汴京就带着兰嬺一道去苏州。

> 伫立长堤，淡荡晚风起。骤雨歇、极目萧疏，塞柳万株，掩映箭波千里。走舟车向此，人人奔名竞利。念荡子、终日驱驱，争觉乡关转迢递。
>
> 何意。绣阁轻抛，锦字难逢，等闲度岁。奈泛泛旅

迹，厌厌病绪，迩来谙尽，宦游滋味。此情怀、纵写香
笺，凭谁与寄。算孟光、争得知我，继日添憔悴。

——《定风波·伫立长堤》

这几年宦游的凄凉，让柳永的心态发生了很大的变化。他
想起曾经的自己，甚至期望有一天，能在那高高的庙堂上，成
为一朝肱股之臣，实现济世万民的志向。如今想来竟有些好笑，
自己只是个因为一首投献词就被皇帝厌弃的人，任谁想到这里，
都会感到悲凉吧。

年年漂泊，这难道就是他柳永致仕前要一直面临的生活吗？
他多想如今就能退休归家，淡看夕阳，闲看落花，结束这种不
时就要跋山涉水的日子。

所以他在晚风中独立长堤，望向远处的山峰，看着来去匆
匆的行人，写下了这首《定风波·伫立长堤》。

曾经的自己，也拥有风雨无阻的那股劲头，如今似乎被迫
到了远方。此前柳永从未有过这样的感觉，路途中的人们在他
眼中也觉可悲可叹。"他们就要在所谓的追求中，离故乡越来
越远了，可他们是不会自知的。"他深深感慨着。

几经舟车劳顿，柳永和虫娘终于回到了汴京，与家人的团
聚总算是赶走了几分忧愁。

兰嬺知道柳永这次的差遣后，也轻轻地叹了口气。对于丈
夫的遭遇，她很难过，却不能表现出来。作为妻子，她只能默
默跟随在他身后听从朝廷的安排。即便这种安排使他们夫妻长

期分离，也不敢有半分怨怼。

想到陪伴在丈夫身边的是另一个女子，想到种种天遥地远的无奈，兰嬿常常忍不住偷偷落泪。这次柳永又被差遣回了苏州，她不知他会做何打算。

当柳永告诉妻子如果不怕辛苦就随自己同去苏州的时候，兰嬿是欣慰的。

她知道此话的含义，他实在苦恼和担心于频繁的调任，害怕没多久又要去不能携家属赴任之地。做这样的决定，是因为时光匆匆，他已不忍再浪费能够团圆的日子。

兰嬿欢欣地宽解道："老爷不必为以后担忧，若是再被调至我不能去的地方，再回来就是了，就当是游山玩水了。"

柳永知道，这样的宽慰中有多少辛酸。和煦的暖阳照进屋子，他感到眼眶有些湿，一直蔓延到心底最坚韧的地方。

第七章

告别如约见归期

归云一去无踪迹

这一次回到汴京，还有一件令人烦恼的事，便是柳涚第三次名落孙山了。这对柳涚是个打击，一如柳永当年屡次落榜的心路历程，但柳永已经不再为此大失所望。

经历了这么多，他深觉名利场是把双刃剑，能实现自己志向的只是少部分人而已。大多数人即便入了仕途，也会辗转在低微的官职中，抑或尝尽久困低谷的苦楚，直到耗尽一生。纵然得到天子重用成为一朝名宦，可宦海沉浮，朝起夕落也是常事。既能名扬天下，又一生顺遂的臣子，可谓少之又少。

这样想着，柳永对儿子入仕的期盼也不再那样强烈，自然并不是要放弃的意思。他只是觉得凡事不可强求，或许才会少些遗憾，反而还安慰了柳涚几句，让他但求尽心，无须焦灼。

又到了计划离家的日子，柳永带着兰嬅和虫娘道别了儿子及老木一家，再次踏上绿水如绸、胜似丹青的苏州。

此时苏州的知州是赵概，回到旧地的柳永觉得既陌生又熟悉。不过只要对方不是难以相处的人，就不会有太大问题，除了安下心继续工作生活，还能如何呢？

柳永到苏州后不久，赵概就回乡丁忧，知州的职位空了下来，任所大小事宜都由柳永处理。

柳永早已能胜任知州的级别，继续担任着通判一职，太守的空缺会如何安排，这是他不得不去想的问题。

按常理来说，柳永完全可以直接升任一把手的位置，任谁再云淡风轻，此时恐怕也做不到内心不起一点波澜。但很快就传来了新消息，朝廷派了滕宗谅任苏州太守。

滕宗谅来的时候，已经是庆历七年（1047）初，新岁刚过，又一个百花渐盛的时节。忙于公务的柳永，对此心情复杂。

十多年前他科举及第，当时封印卷首的考官之一正是滕宗谅。多年后的今天，这对师生变成了领导和下属的关系，柳永甚为期待、激动。

可这又难免撕开了柳永久困"通判"之位的伤疤，近年遭遇在他人那里只是短短几声叹息和劝慰，其中的苦楚却只有自己才能体会。

滕宗谅虽比柳永小七岁，但为官的年月要比柳永早将近二十年，他早已将柳永的心事尽收眼底。

除了多番宽慰，他也不知该如何，倒是看到事务繁杂时，柳永总会精力充沛，似乎将不安和忧愁都忘却了。于是，他尽量将许多具体事务交与自己的这位学生处理，结果也往往令人满意。

柳永何等敏感，他明白老师这样做是想让自己在繁忙中忘记忧愁，使自我价值能被最大地体现出来，将那些落寞抛之脑后。体会到这番良苦用心，他想在合适的时机为原本能力超群、政绩卓著的滕宗谅写一首词。

心里装着赠词的事，在一次筵席上，柳永挥毫写下了这首《永遇乐·天阁英游》，相赠于滕宗谅。

天阁英游，内朝密侍，当世荣遇。汉守分麾，尧庭请瑞，方面凭心膂。风驰千骑，云拥双旌，向晓洞开严署。拥朱轓、喜色欢声，处处竞歌来暮。

吴王旧国，今古江山秀异，人烟繁富。甘雨车行，仁风扇动，雅称安黎庶。棠郊成政，槐府登贤，非久定须归去。且乘闲、孙阁长开，融尊盛举。

——《永遇乐·天阁英游》

之所以说这首词是为滕宗谅而写，词中就给出了答案。在仁宗时期任苏州太守的官员中，既有天章阁官衔，又立下"汉守分麾"之功劳的，只有滕宗谅一人。滕宗谅为官清正廉洁，文武双全，许多人是从范仲淹的名篇《岳阳楼记》中那句"庆历四年春，滕子京谪守巴陵郡"知道了他。

这首词一如柳永从前的投献词，表现的是赠主的文治武功和苏州当地丰饶的风物，目的还是突出投赠对象的才干政绩。但柳永的风骨始终是没有变的，看滕宗谅就知道，他是担得起词中赞颂的。

人生匆匆，滕宗谅到任苏州不久后就去世了。这又令柳永陷入了悲伤中，恍然觉得一世如烟。

他本以为，与自己的老师还能在这白发暮年共事一段时间，没想到对方竟突然离开了人世。还没来得及相处，就已阴阳两隔。生活一次次无情地让他体会到世事无常，怨深愁重，挥之不去。

同年，柳永转官为都官员外郎，寄禄官的级别按官制升迁着，但差遣始终不见变化，他除了失望，更多的是想要逃离。他深觉，如果当时那首《醉蓬莱·渐亭皋叶下》难逃其罪，这些年的惩罚也足矣了。可现在看来，并没有曙光照进来的意思。

官大而差遣小的困顿，是文武百官中另类的存在。从人性的角度出发，没有谁会坦然接受。可是不接受又有何用呢？朝廷派了别人任新知州，柳永轻轻地苦笑着，像一个受了委屈的孩子，被阵阵辛酸侵蚀。

新任知州是胡宿，他们此前并无交集，相处起来倒也融洽。表面上风云不惊的柳永心里暗暗盘算，到苏州任职已经超过了一年，并未见新的差遣，他暗自祈祷朝廷能让自己安生两年。如今腿脚渐渐不利，行一次远路，就要费去好大的精神气力，他对此已满身疲惫。

天气晴好或雨后初霁的时候，柳永最喜欢去一处山冈上看夕阳。那是他常去的地方，离渡口很近，当傍晚来临的时候，晚霞和山水融合，景致美不胜收。夏转秋来，他一如既往，有时还会带着兰嬺和虫娘同去，在那里薄饮几杯，坐看夕阳。

　　渡口、向晚，乘瘦马、陟平冈。西郊又送秋光。对暮山横翠，衫残叶飘黄。凭高念远，素景楚天，无处不凄凉。

　　香闺别来无信息，云愁雨恨难忘。指帝城归路，但烟水茫茫。凝情望断泪眼，尽日独立斜阳。

——《临江仙引·渡口》

　　这个秋天，某次登高远望时，他写下了这首《临江仙引·渡口》。静立在斜阳下望着秋光，青山不老，江水茫茫。黄叶飘飞的季节，绝美中就勾起了人的哀伤。

　　望向都城的方向，想起了至今常常怀念的那个女子，香闺已远，今生永别，不知远方的她，一切是否安好。

　　岁月的流逝带给柳永的是越来越多的回忆，追忆和落寞胶着循环，似乎永无止境。在南国的秋光里，他无数次黯然神伤。衣角随着秋风卷起，他静默在夜幕前的余晖里，直到夕阳沉下了山头。

会须归去老渔樵

　　胡宿在苏州不到一年就被调往他处，朝廷又派了别人来，升迁依旧与柳永无缘。没有任何途径去倾泻满腹的委屈，他的生命已经衰老，抱负已然落空。

　　他可以接受宦海中云谲波诡的起起落落，却无法接受一边留用一边被放弃的滋味。

　　不接受又能如何呢？一纸调令就会让他翻山越岭，由南往北，他仿佛已经看到了自己谢幕的样子。垂垂老矣，满目忧伤。

　　胡宿被调走的庆历八年（1048）春天，来接任太守之位的是梅挚。一切烦忧都没有任何变化，致仕归家成了柳永最大的愿望。

　　他依然常常登上高处，久久地望向远乡，看春季的百花零落成泥，待温暖的天气一天天转凉。失意的柳永没有因为丰富的经历而有千帆过尽之感，彻骨的苍凉，是他唯一的感受。

向深秋，雨余爽气肃西郊。陌上夜阑，襟袖起凉飙。天末残星，流电未灭，闪闪隔林梢。又是晓鸡声断，阳乌光动，渐分山路迢迢。

驱驱行役，苒苒光阴，蝇头利禄，蜗角功名，毕竟成何事，漫相高。抛掷云泉，狎玩尘土，壮节等闲消。幸有五湖烟浪，一船风月，会须归去老渔樵。

——《凤归云·向深秋》

曾经的柳永处于低谷时，也有过不如归去的想法，但也总是短短的一瞬念想，终究是有着不甘，终究放不下那些抱负志向。

而今，真的不同了。这首《凤归云·向深秋》是他历经世事辛苦，彻底蹚过这场仕宦路后的内心自白。功名利禄，到头来不过是尘土，他经历了，尝试了。末了，最向往的还是五湖山水、烟霞风月以及淡然自由的空气。

时至晚年的柳永，真真切切地开始厌恶宦途，这是他曾经毕生追求的东西。为此，连他自己都感到惊讶。然而稍加思量，也就了然，他想要逃避的不是这条为官之路，而是那首《醉蓬莱·渐亭皋叶下》之后充满辛酸的游宦生涯。

在许多黑夜将尽的日子，他追逐着天明前即将落下的星星，走在凉风四起的小路上，任广袖飞扬，思绪飘向远方。

曾经打马经过的少年，执着仕途的中年，都已经随着消逝的星光落幕。无争无斗的山水江湖，此时令他无比向往。

六十六岁的柳永，须发皆白。他不仅用"五湖烟浪，一船风月"表达着对范蠡和西施的艳羡，也对悲情的陈阿娇和落寞的班婕妤有着深深的同情。他竟不知，是不是年岁愈长的缘故，开始常常咏怀那些久远的古人。

> 飒飒霜飘鸳瓦，翠幕轻寒微透，长门深锁悄悄，
> 满庭秋色将晚。眼看菊蕊，重阳泪落如珠，长是淹残
> 粉面。鸾辂音尘远。
> 无限幽恨，寄情空殢纨扇。应是帝王，当初怪妾
> 辞辇。陡顿今来，宫中第一妖娆，却道昭阳飞燕。
> ——《斗百花·飒飒霜飘鸳瓦》

一首《斗百花·飒飒霜飘鸳瓦》，是柳永在冷风簌簌的深秋里对古时美人落得凄凉结局的惋惜。

高贵的陈皇后被深锁长门，多才美丽的班婕妤也只能让位于妖娆美艳的赵飞燕，是她们真的不如赵飞燕美貌吗？不，她们只是不善于奉承君王罢了。

晚年的柳永，开始清晰地认识到自己被皇帝冷落的原因。说到底，是自己不擅于揣测皇帝的心思才酿成祸端，以至于半生狼狈不堪。

时过境迁，回想那年一朝跌入低谷离开汴京城的情景，就有泪涌上来的感觉。谁又能想到，这一走，就成了余生，成了永远。

如今，他写下《斗百花·飒飒霜飘鸳瓦》这类的词，是感慨当年的无知莽撞。如果自己早日悟到此番道理，今日也必不是这番光景。

时光荏苒，乱云飞渡，曾经快意的少年，只是转瞬之间就成了颤颤巍巍的老翁。

庆历八年（1048）的冬天，柳永到了按官制移调的时候，他被调往杭州任职。这对江南已经深有感情的他来说，倒不是一件坏事。

辞别了苏州的同僚朋友，他再次携家去了杭州。此次上任的职务依旧是再熟悉不过的通判，这让他习以为常，也让他黯然神伤。

兰嫣和虫娘一妻一妾，成为柳永黯淡岁月里那抹最亮的光。恰如此时，在他日夜感伤的旅程中，她们无怨无悔地追随在旁。临风小酌，对月掩泪，互相温暖着走过一草一尘。

饶是如此，近来的柳永越来越容易沉浸在回忆里，尤其是曾经那些美好的人和情，仿佛在眼前越发清晰起来。他常常遥望着某一处，不自觉地陷入沉思，接着就是长久的怅惘。

精彩浮沉的命运，美丽多情的红颜，还有早已远在天国的蕙娘和玉袖，都是他追忆的对象。不是记忆好了，而是因为岁月不饶人，他深知这一点，便更加享受自己内心的这个世界。

即便寒冬凛冽，在去杭州的路上，他也总是喜欢望着茫茫的江水出神。江风吹到脸上阵阵地疼，可他总是一站就站

好久。枯清的树枝随风摆动，等月光爬上来，晓风残月，花
事荼蘼。

> 蘅皋向晚舣轻航。卸云帆、水驿鱼乡。当暮天霁
> 色如晴昼，江练静、皎月飞光。那堪听、远村羌管，
> 引离人断肠。此际浪萍风梗，度岁茫茫。
> 堪伤。朝欢暮散，被多情、赋与凄凉。别来最苦，
> 襟袖依约，尚有余香。算得伊、鸳衾凤枕，夜永争不思量。
> 牵情处，惟有临歧一句难忘。
>
> ——《彩云归·蘅皋向晚舣轻航》

在行路途中的一个傍晚，柳永写下了这首《彩云归·蘅皋
向晚舣轻航》。宋朝时期，平民百姓是不能住水驿的。词中一
句"卸云帆、水驿鱼乡"，明确表示出了这首词是柳永为官之
后所作。如此凄苦的怀人情思，也更符合他晚年时宦游他乡的
悲愁。

温软的鱼米之乡，在凛冬夜幕也会表现出几分凄然苍
茫。他想念遥遥的汴京，想念过往的伊人，更想念过世的
两任妻子。

在下笔的时候，柳永丝毫没有掩饰对蕙娘和玉袖的怀
念，他已经老了，需要回望自己的经历，而想念生命中重要
的人是最为重要的部分。兰嬷和虫娘读到了这首词，自然也
明白其中的意味，但她们并不介怀，有的只是对时光和境遇

的感慨。

　　飘落的风雨裹着他们的凄怨，好在，在柳永的生命里，一直有痴情红颜的陪伴。蓦然回首，早已物是人非，却有人真心守候，从青丝到白头也无怨无悔。他深觉幸甚至哉。

故人何在，烟水茫茫

抵达杭州后，柳永甚是疲惫，新岁就在眼前，他不得不强打起精神筹备新年。不过让他颇感安慰的是，此时知杭州的正是他的恩师和曾经的上司蒋堂。距离上次在益州相逢共事，已过去了五年时间。故人再见，竟有了千帆阅尽之感。

趁着新岁佳节，柳永和蒋堂常常一起聚会，筵席的酒杯交错间，日子过得飞快。转眼间，新年就成了过去时，虽然柳永早已对这通判之职厌倦，但总要熟悉当地政务。只要为官一天，他就绝对不会怠政的。

然而，蒋堂无法带他知悉当地政事情况，因为他接到调令，即将调往别处。而来接任太守之职的，正是柳永十分敬佩的范仲淹。

当年，柳永登科时，当他到睦州上任时，恰恰是知睦州的范仲淹被调去苏州。

那时候，他虽已是不惑之年，但依然难掩初入仕途的朝气，当时只是与范仲淹匆匆一见。多年过去，他依然对这位大宋名

213

臣印象深刻，没想到如今有了共事的机会。

而蒋堂也就顺便向柳永和范仲淹一起交接了政事。三人之间既有分别，也有相聚；既有公事相谈，也有故人之间的叙旧。

等蒋堂将一应事务交接完毕，在春意还未有迹象的早春，柳永和范仲淹送别了他，就回到岗位各司其职了。

范仲淹素来爱民如子，同时性情又好遨玩，与他共事，柳永甚是欢欣。对待公事勤政不苟，闲暇时候，又在山水间尽情玩乐，这正与他的脾性相投。

乐施仁政的范仲淹，身处何地都会受到当地百姓的爱戴。相处一段时间后，柳永深有体会，更多了几分敬佩。

温暖的春风吹过杭州的朱楼沙堤，吹到柳永忧郁的心底。到底还是春光的美好影响了他，不经意间，就写下了这首词：

吴会风流。人烟好，高下水际山头。瑶台绛阙，依约蓬丘。万井千闾富庶，雄压十三州。触处青娥画舸，红粉朱楼。

方面委元侯。致讼简时丰，继日欢游。襦温袴暖，已扇民讴。旦暮锋车命驾，重整济川舟。当恁时，沙堤路稳，归去难留。

——《瑞鹧鸪·吴会风流》

这是一首赠予范仲淹的投献词，以杭州的富庶繁华和百姓的安居乐业为主题，将范仲淹的仁政爱民融进了每一处。虽是投献词，但丝毫没有媚俗之感，反而雅致清朗，而杭州一带的历史厚重感也处处显现。

此词一出，范仲淹喜欢，当地百姓也喜爱有加。若是杭州的山水风物有情，只怕也会爱不释手的。

柳永在投献词结尾处有写祝词的习惯，一般都是预祝对方步步高升之言。这首词也不例外，一句"旦暮锋车命驾，重整济川舟"，毫不掩饰地祝愿对方迟早会高升宰相。

这样的祝愿，看起来已经到了最高处，但柳永并非脱离实际所写。范仲淹之前曾任参知政事，而今知杭州，是以资政殿学士的身份。作为在朝中举足轻重的大臣，范仲淹在庆历党争中遭受的沉浮起落，远比柳永的宦途跌宕曲折。这样一位人物，他的思想魅力和人生阅历都莫大地感染着柳永。

柳永发自内心地为范仲淹写下这首词，他真心希望这样以天下为己任的名臣将来能再登高位，坐在那一人之下的宰相之位，继续为他心中的宏图伟业而奋斗。

当这首好词备受赞誉的时候，柳永的内心有丝丝酸楚划过。

他想，若是无人，他定会痛快地饮几碗酒，然后放肆地哭一场。只有他自己知道，他曾经也有属于自己的宏图，他也想做忠君爱民的一代重臣，可一切已经彻底地离他远去了。

屡试不第，晚年入仕，某天得罪皇帝，从此久困通判之位。这就是柳永的一生，如此简单而渺小，甚至还有些诙谐。每每想到此处，摇头自嘲，将酸楚强压入心底，成了他自然的反应。

在范仲淹知杭州的第二年，皇祐二年（1050）年初，柳永由都官员外郎晋升为职方员外郎。可是他的差遣依然不见变动，这与他如影随形了八年之久的通判，不仅令他对官场绝望畏惧，甚至令他常常对万千俗事都有倦怠落泪之感。

当冬雪消融、山花渐放、乍暖还寒的季节带给人们扑面的清爽时，人们相伴出游，徜徉在江南春景里，整个人都明快起来。

柳永却和赏春的人不同，又经过了一次只见级别和俸禄涨却不见官位升的窘境，他无法毫不在意地欣赏眼前的柔媚春光。

尽日凭高目，脉脉春情绪。嘉景清明渐近，时节轻寒乍暖，天气才晴又雨。烟光淡荡，妆点平芜远树。黯凝伫。台榭好、莺燕语。

正是和风丽日，几许繁红嫩绿，雅称嬉游去。奈阻隔、寻芳伴侣。秦楼凤吹，楚馆云约，空怅望，在何处。寂寞韶华暗度。可堪向晚，村落声声杜宇。

——《西平乐·尽日凭高目》

当他在一个风和日丽的日子出门踏青的时候，就有了词中这样的情绪。

天气忽晴忽有微雨，他的心情却难以转变。眼前桃红柳绿，煞是耀人，他也知春江水暖，世间尽染无尽的生机，可就是无法收起悲愁辛酸的伤感。于是，在大好春光的触动下，他发自内心地哀叹。虽然笔下是良辰美景，却无法流露出分毫赏心乐事。

于是他不断地回忆，想起那年那月的意中人，想起曾经留在秦楼楚馆的那些欢笑，一切都已经一去不复返。

欢颜笑语都留在了过去的某一刻，傍晚时分，村庄里的杜鹃声声不绝。这时他才觉得，自己终于和这个春天相称了些。

十一月，范仲淹以京东路安抚使知青州。不舍是难免的，不过柳永已学会安然地面对离别。结束了送别宴，范仲淹劝慰柳永，要学会在繁杂的世间快乐起来。

张罗酒宴的柳永却已经喝得大醉，恐怕也没有将嘱咐记下，只是口中跟着喊："快乐，快乐，一定快乐……"让人心酸。

接任范仲淹太守之职的是张方平。仅仅半年，张方平就以礼部侍郎知滑州，来任者是八年前与柳永在苏州共事的吕溱。

当年，柳永因一首词惹得龙颜大怒，被调往苏州任职。那是他回京为官被冷落后的第一站，虽然懊悔惶恐，但还尚存希望，而今是再也没有那般心情了。

时隔多年，再见老上司的柳永，没有从那场祸端中越过。以久困通判之职的处境相见，本应颇多尴尬，然而柳永多了份从容，纵然伤怀不减，但他已经可以在谈笑风生中面对这件事了。

因此与吕溱见面的时候，柳永丝毫没有避讳这个话题，他坦然地聊起了这些年的经历。当茶香荡在他们的唇齿间，淡淡的无奈之感也弥漫在空气里。

许是柳永已年岁渐老，皇帝有意让他在一处养老，来到苏州已经三年的柳永，没有再收到朝廷的调令。

这样又过了两年，到皇祐五年（1053），还是不见任何移调的动静。

此时，柳永内心便有了几分感激。这些年，能在山明水秀的杭州安稳度日，不再经山水迢递之苦，他已经觉得知足。

兰嬛和虫娘已经不是光彩艳丽的美妇人，岁月在她们身上一样无情地留下了痕迹，但她们还是那样典雅端庄。到杭州这几年，她们感受到了久违的宁静，她二人很满意如今的现状。

皇祐五年（1053）的春天，柳永依官制升为屯田郎中，通判一职还是没有离他而去。

这一路实在太辛苦，当他回首走过的路途想要感叹一番时，已是白发古稀，荒草流年。

　　晴烟幂幂。渐东郊芳草，染成轻碧。野塘风暖，
游鱼动触，冰澌微坼。几行断雁，旋次第、归霜碛。
咏新诗，手拈江梅，故人赠我春色。

　　似此光阴催逼。念浮生、不满百。虽照人轩冕，
润屋珠金，于身何益。一种劳心力。图利禄，殆非长策。
除是恁、点检笙歌，访寻罗绮消得。

——《尾犯·晴烟幂幂》

　　这个春天，柳永七十岁，按宋朝官制，他可以致仕回家了。关于仕途所有的希望即将终止，一切的起落坎坷也将永远成为历史。每当他想起时，依旧五味杂陈。

　　春光不老，始终随着四季轮转，每一季都如初升的朝阳。可生命在光阴面前，就太过脆弱了。

　　芳草轻染，游鱼初动，仿佛世间所有的美好都在眼前。柳永已然老去，他低低哀叹着那些用在追逐功名上的心力，既不可说，又不值得。

归来吾乡我里

到了该回家养老的年纪，与其等着朝廷下诏，还是自己主动些吧，这本来也是柳永所期望的。

于是在皇祐五年（1053），他写下了《求致仕表》上请朝廷。洋洋洒洒写完后，一种与往事恍如隔世的感觉涌上心头，不觉就落下了几滴清泪。

接下来就是等待朝廷的批复，要说在这仕宦生涯里还有什么不舍的，只有秀美如画的杭州了。

从年少游学到初入仕途，再到突遇风波，最后终官致仕，杭州见证了这一切。

柳永常常觉得，这个山明水秀的地方与他渊源深厚。回忆起来，生命里每个重要的转折都是在这里开始，而现在，就要在这里结束。

凡此种种，他无法不对这方江南水土产生特殊的感情，加上如织如画的风景，柳永有了退休后在杭州养老的想法。他将想法告诉了兰嬣和虫娘，二人欣然答应，她们表示只要一家人在一起，怎样都是好的。

在三人正憧憬着以后定居在杭州的养老生活时，朝廷批准了柳永的致仕请求。尘埃落定，满目夕阳。

人有时候就是这样，当真正归家自由了，又会重新考虑之前的计划。

柳永重新开始考虑，是否真的要在此地养老，毕竟山河路远，他对京城和家的思念却不曾减少。如果说杭州是他成长的见证，那汴京就是承载他在这世间一遭的印记。最后他与妻妾商量，且先住在杭州，等想回京时再行准备。

致仕后的柳永，终于可以心无旁骛地过起晚年生活，他感到从未有过的宁静。只是这些年的风霜已经将一份忧郁深刻入骨，惊艳了整个大宋词坛的才子，在他皓首苍颜的时候，清晰地听到世间回馈给他的一声叹息。

一生赢得是凄凉。追前事、暗心伤。好天良夜，
深屏香被。争忍便相忘。
王孙动是经年去，贪迷恋、有何长。万种千般，
把伊情分，颠倒尽猜量。

——《少年游·一生赢得是凄凉》

这首《少年游·一生赢得是凄凉》是柳永对那声叹息的回应。短短几句，他将一生积攒的哀伤倾诉给了苍茫尘间。归来已是荒烟落日，满腹不胜清怨，在余下的悠闲时光里，平静地

等待风流作古的那一天。

柳永退休的第二年，孙沔接任了吕溱知杭州。对此，他已经不再关心了。听风听雨，围炉煮酒，良辰美景，竟如此美好。

柳永虽然没有主动结交孙沔，孙沔却对他的才名深有耳闻，又因爱好莺歌燕舞，便主动邀柳永赴约。

即便已经彻底结束了宦途，但毕竟也在当地任通判多年，他知道该给的薄面还是要给的，于是欣然赴约。

富庶美丽的杭州，是柳永怎样都赞美不够的地方。某次在与孙沔一同冶游时，他欣然写下了一首柔美和阔远兼有的《早梅芳·海霞红》。

> 海霞红，山烟翠。故都风景繁华地。谯门画戟，下临万井，金碧楼台相倚。芰荷浦溆，杨柳汀洲，映虹桥倒影，兰舟飞棹，游人聚散，一片湖光里。
>
> 汉元侯，自从破虏征蛮，峻陟枢庭贵。筹帷厌久，盛年昼锦，归来吾乡我里。铃斋少讼，宴馆多欢，未周星，便恐皇家，图任勋贤，又作登庸计。
>
> ——《早梅芳·海霞红》

上阕写意美景风物，下阕歌颂执政长官的风华功绩，无疑是一首投献词。词的赠主自然是孙沔，而在这首词中，上阕铺垫的湖光水色成了整首词的精华。

历史上的孙沔是个有战功作为的人物，但同时也是个骄奢纵淫、常有不法行为之人，这也是他在仕途遭遇起落的重要原因。

向来写投献词很有原则的柳永，这一次的赠词对象并不那么严谨。或者经过了繁复的世事，他获得了一份淡然。他人的是非黑白，万物的纷扰苦楚，他已经没有精力再去仔细甄别。

茫然四顾，那些错过的日出，枯萎的青春，都随傍晚的烟霞渐行渐远，演变成了最后的风云不惊。

在杭州度过了两三年的退休生活，柳永感到身体越发不如从前。当他一年比一年苍老，回到汴京家中终老的想法越来越强烈了。

在这一点上，兰嬣和虫娘有相同的想法。退居在杭州纵然再舒心闲适，但这里到底不是故乡，不能安放这颗兵荒马乱的心。

要说柳永对故乡的概念，静静思量下来，不是出生的任城，也不是祖籍福建崇安，倒是少年时跟随父亲而来的汴京。

繁华的京城里，有他的家和启蒙恩师，有他的至交好友和红颜知己，还有他牵挂的独子柳涚。他冠盖词坛的才名，也是从这里一次次传向四面八方的。

花事纷繁的一草一尘，锦绣如织的山水街巷，还有让他尝遍荣耀和打击的朝堂，都是他午夜梦回了无数次的地方。家的感觉，还是只有千里之外的京城能给予。

历经山河，他决定打点行装，趁着自己还能动身跋涉，归去汴京家中。

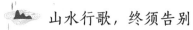 山水行歌，终须告别

　　柳永知道，这将会是人生中最后一次远行。曾经难以忍受的羁旅之苦就要画上终止符，些许遗憾和不舍在心中荡开。这就像一个在辛酸中留下的绵长之吻，恍惚间，仿佛心随事转了无数遍。

　　拖着疲惫的身躯，带着游山玩水的心情，柳永踏上了返京之路。

　　自打闯下词祸离京的那日起，他曾无数次地想过有一天回到汴京时的情形。希望的前提是官职在身时，有朝一日皇帝能解除对他的惩罚，宣他风风光光地回京。他明白，也许这个"有朝一日"会很遥远，但他愿意等待。

　　残酷的现实是柳永没有想到的。仁宗皇帝没有原谅他，或许已经渐渐地淡忘了他，以至于在他垂垂老矣致仕之后，才走上了回京之路。

　　回到汴京家中的时候，正是夏去秋来的季节。柳涚已是将近不惑之年，而对柳永忠耿一生的老木夫妇，早在几年前就先

后病逝了。老木的儿子接了父亲的班，帮助柳涗夫妻管理家中事务。

除了老木的离去，昔日京中好友健在的已并不多。有人逝去，有人家中遭遇变故，也有人同他一样，被调遣出京后再也没有回来。好一派物是人非，冷月荒年。

令柳永惊讶的是，他的回京惊动了坊间的歌楼舞馆。那些搁置了好久的曲子又被拾起，从美丽歌女的歌喉中，传向了汴京城的每一个角落。

这又勾起了柳永对韶华岁月的怀念，如今的他是再也无法去体会片刻的纸醉金迷了。想起那些衣带生香的美丽女子，她们也已过了最好的年华，不知余生还能否再见其中一二。

> 伫倚危楼风细细。望极春愁，黯黯生天际。草色烟光残照里，无言谁会凭阑意。
>
> 拟把疏狂图一醉，对酒当歌，强乐还无味。衣带渐宽终不悔，为伊消得人憔悴。
>
> ——《蝶恋花·伫倚危楼风细细》

回到京中的第一个春天，当柳永缓慢地登上高楼极目望去，对曾经潇洒时光的回忆，在此时变得前所未有的清晰。

世界上不仅有英雄迟暮，风流才子同样会有如此情境。于是，他写下了这首著名的《蝶恋花·伫倚危楼风细细》，权当是对盛衰轮回的愁思。

看着青青草色延伸到茫茫无边的天际，人显得那样渺小，甚至那样懵懂。时光最是无情，即便还想对酒当歌，疏狂一醉，又哪里会有年华正好时的精力和心情呢？

独倚在高楼的柳永，思念着生命里经过的那些人，尤其是那些他视为知己的女子，佳娘、酥娘、心娘……还有逝去的蕙娘和玉袖。

回到京城的日子很悠闲。时间久了，听闻柳永回京的过往好友和与他相识的欢场女子，还真有几人与他取得了联系。

闲暇时候，他们也会临风对月，把酒欢歌。虽然都不再年轻，但依稀还能看到过去岁月的影子，这已然给了他们最大的慰藉。

更巧的是，柳永归家不久，就等到了柳涚科举及第的消息。嘉祐二年（1057），久困科场的柳涚终于在四十岁的时候榜上有名，从此成为宦海一粟。

知道消息后，柳永感到一丝久违的舒畅。由于自己的经历，他早已将子孙入仕这件事看得淡然。可毕竟因家族的渊源，入世思想早已刻入他的骨髓，如今他并不再流连官场，但依然将没有实现的理想寄托在了柳涚身上。

这样的感觉像极了许多现在的父母。年轻时候的遗憾，总想让子女弥补，仿佛如此一来，多少能丰满自己遗憾的人生。

登科后的柳涚被派往陕州任职，不久生下唯一的儿子柳彦辅。柳永送走了去陕州任职的柳涚，就剩自己和一双妻妾守家生活。有时他看着镜中苍老的自己，感到所剩时日无多。

平生自负，风流才调。口儿里、道知张陈赵。唱新词，改难令，总知颠倒。解刷扮，能咮嗽，表里都峭。每遇著、饮席歌筵，人人尽道。可惜许老了。

阎罗大伯曾教来，道人生、但不须烦恼。遇良辰，当美景，追欢买笑。剩活取百十年，只恁厮好。若限满、鬼使来追，待倩个、掩通著到。

——《传花枝·平生自负》

身体每况愈下的柳永，不再畏惧死亡，他坦然地接受着生命终点的到来。风流才子也好，良辰美景也好，都让它们随自己的逝去而消散吧。

一首《传花枝·平生自负》是他对自己一生的回望，没有悲愁感伤，没有泪水不甘，有的只是看淡生死的豪放。果然，柳永还是那般风流倜傥，莫说面对世俗，就是面对生死，他也是这般傲岸潇洒的心性。

嘉祐五年（1060），一代词宗柳永病逝。

柳永去世的时候，只有兰嬅和虫娘陪在身边。没有太多的哀戚，他平和地闭上了双眼，离开了这个悲喜交替、四季轮转的世界。

当柳涚赶到家中的时候，柳永已经去了。自丧事传开，上门凭吊者络绎不绝。发丧的那天，城中歌伎乐工自发一身缟素，一路哀哭送别。

不知道这是不是后世传言柳永去世后，因为贫困潦倒，由歌伎们凑丧葬费将他下葬之说的来源。

稍加推敲就可以知道，对柳永身后事由歌伎凑钱下葬一说，是基于柳永终生没有入仕的基础上。但事实是柳永入仕虽晚，毕竟是朝廷命官，且级别不低，俸禄也不少。即便在他致仕后也有足以安享晚年的俸禄，又怎会落到靠别人接济安葬的地步呢？

那一天，满城缟素，哭声震天。

士大夫们这才知道，柳永在民间，尤其在社会底层的风尘女子中，他竟有这样的地位。那是一种超越了权力和金钱的地位，是人们内心最真实的情感倾注。而那些女子和民间百姓才知道，原来奉柳七郎为偶像的并不是只有自己，还有许多这样的人。

据说，柳永去世后，每逢他的忌日和清明，青楼女子们都会去他的坟前祭奠，人们称之为"吊柳会"，这一风俗沿袭了许多年。

有关柳永去世后所葬之地，历史上也出现了不同的说法，有枣阳、襄阳、仪真（今江苏仪征）和镇江的说法。到今天，通过一系列佐证分析，学者们普遍认为柳永应是葬于镇江。

今天人们多认为，柳永去世后被寄葬在了汴京城下辖的祥符县。柳涚应当是想在仕途发达后，将父亲葬回福建崇安。但奈何他在仕途上久居闲职，于是后来在镇江任职时，将柳永正式葬在了镇江。

对柳涚来说，多年后安葬父亲柳永时，他自己已是花甲老人。他深知父亲很喜爱潋滟柔婉的江南，斟酌后决定将柳永安葬在镇江，也的确是很合理的事。

关于柳永，除了安葬之地，还有许多问题让人们争论。比如过世时间、终官职位、参加科举次数，等等。

其实这些都不重要了，争到最后，并不会改变他一生的大致历程，人们要证实的也只能是最为可能的可能。而柳永，穿过了历史的长河，始终伫立在宋词词坛上熠熠发光。

正史的缺页丝毫没有抹掉柳永的光彩，纵然这使他部分生平事迹变得扑朔迷离，但人们不会因此对他产生丝毫忽略的感觉。他，是真的用才华留名青史的人。

人生，就是自己的往事和他人的序章，人们活在自己的世界里，但总要感受他人的生活，或者见所未见，或者似曾相识。柳永的词，柳永的人生，柳永的经历，就会带给人们这样的感觉。

他，果然是他，是一个让人了解后就喜欢上的人。

月朗星稀的夜晚，那个踏马追风的少年，悠然行走在荒凉的人间。他不想看那些纷繁的名利，只想做遗世独立的词客，他静静等待着山重水复后那错过的美景，以及豁然笃定的你。